Nouvelles françaises contemporaines
Écho, répondez !

Dans la même collection

Lire en anglais
Thirteen Modern English and American Short Stories
Seven American Short Stories
Nine English Short Stories
Roald Dahl : **Someone Like You**
Roald Dahl : **The Hitch-Hiker**
Somerset Maugham : **The Escape**
Somerset Maugham : **The Flip of a Coin**
F. Scott Fitzgerald : **Pat Hobby and Orson Welles**
Ray Bradbury : **Kaleidoscope**
Saki : **The Seven Cream Jugs**
John Steinbeck : **The Snake**
William Faulkner : **Stories of New Orleans**
Ernest Hemingway : **The Killers**

Lire en allemand
Moderne Erzählungen
Deutsche Kurzgeschichten
Zwanzig Kurzgeschichten des 20. Jahrhunderts
Geschichten von heute
Heinrich Böll : **Der Lacher**

Lire en espagnol
Cuentos del mundo hispánico
Cuentos de América. Destinos
Cuentos selectos
Cuentos fantásticos de América
Jorge Luis Borges : **La Intrusa y otros cuentos**

Lire en italien
L'avventura ed altre storie

Lire en portugais
Contos contemporâneos

LIRE EN FRANÇAIS
Collection dirigée par Henri Yvinec

Nouvelles françaises contemporaines
Écho, répondez !

Francis Jammes • Alphonse Daudet • Roger Grenier • Guy de Maupassant • Jean Fougère • Pierre Boulle • Annick Bernard • Paul Morand • Jean-François Coatmeur • Annie Mignard

Choix et annotations par Joël Amour
Professeur agrégé de lettres modernes

et Joan Amour
Professeur agrégé d'anglais

Le Livre de Poche

Le Mal de vivre (Clara d'Ellebense) © Christian Bourgois.
Le Dos de la cuillère © Roger Grenier.
La Panne (Un cadeau utile) © Éditions Albin Michel.
Ma drogue à moi © Pierre Boulle.
Sublime Haine d'été. Droits réservés.
Écho, répondez ! (L'Europe galante) © Éditions Bernard Grasset.
La Fiancée © Jean-François Coatmeur.
Le Boucher de Tusco © Éditions Ramsay.

La collection "Les Langues Modernes" n'a pas de lien avec l'A.P.L.V. et les ouvrages qu'elle publie le sont sous sa seule responsabilité.

© Librairie Générale Française, 1990, pour les présentations et les notes.

Sommaire

Introduction 9

Le Mal de vivre *(Francis Jammes)* 11

L'Agonie de la *Sémillante*
   (Alphonse Daudet) 21

Le Dos de la cuillère *(Roger Grenier)* 39

Deux Amis *(Guy de Maupassant)* 57

La Panne *(Jean Fougère)* 77

Ma drogue à moi *(Pierre Boulle)* 99

Sublime Haine d'été *(Annick Bernard)* 115

Écho, répondez! *(Paul Morand)* 135

La Fiancée *(Jean-François Coatmeur)* 145

Le Boucher Tusco *(Annie Mignard)* 163

Vocabulaire 181

After a few years spent studying a foreign language, it is natural to want to discover its literature. The student's vocabulary, however, often proves inadequate and the constant use of a dictionary is irksome. This new collection is designed to remedy this state of affairs. It makes it possible to read alone, without a dictionary or a translation, thanks to notes situated immediately opposite the foreign text.

Abréviations

f. *féminin*
fam. *familier*
fig. *figuré*
l. *ligne*
m. *masculin*

p. *page*
qqn. *quelqu'un*
qqch. *quelque chose*
sb. *somebody*
smth. *something*

Tout naturellement, après quelques années d'étude d'une langue étrangère, naît l'envie de découvrir sa littérature. Mais, par ailleurs, le vocabulaire dont on dispose est souvent insuffisant. La perspective de recherches lexicales multipliées chez le lecteur isolé, la présentation fastidieuse du vocabulaire, pour le professeur, sont autant d'obstacles redoutables. C'est pour tenter de les aplanir que nous proposons cette nouvelle collection.

Celle-ci constitue une étape vers la lecture autonome, sans dictionnaire ni traduction, grâce à des notes facilement repérables. S'agissant des élèves de lycée, les ouvrages de cette collection seront un précieux instrument pédagogique pour les enseignants en langues étrangères puisque les recommandations pédagogiques officielles (Bulletin officiel de l'Éducation nationale du 9 juillet 1987) les invitent à "faire de l'entraînement à la lecture individuelle une activité régulière" qui pourra aller jusqu'à une heure hebdomadaire. Ces recueils de textes devraient ainsi servir de complément à l'étude de la civilisation.

Le lecteur trouvera donc :

En page de gauche

Des textes contemporains choisis pour leur intérêt littéraire et la qualité de leur langue.

En page de droite

Des notes juxtalinéaires rédigées dans la langue du texte, qui aident le lecteur à

Comprendre

Tous les mots et expressions difficiles contenus dans la ligne de gauche sont reproduits en caractères gras et expliqués dans le contexte.

Observer

Des notes d'observation de la langue soulignent le caractère idiomatique de certaines tournures ou constructions.

Apprendre

Dans un but d'enrichissement lexical, certaines notes proposent enfin des synonymes, des antonymes, des expressions faisant appel aux mots qui figurent dans le texte.

Grammaire au fil des nouvelles

Chaque nouvelle est suivie de phrases de thème inspirées du texte avec références à celui-ci pour le corrigé. En les traduisant le lecteur, mis sur la voie par des italiques et/ou des amorces d'explication, révise les structures rebelles les plus courantes ; cette petite "grammaire en contexte" est fondée sur la fréquence des erreurs.

Vocabulaire

En fin de volume une liste de plus de 2 000 mots contenus dans les nouvelles, suivis de leur traduction, comporte, entre autres, les verbes irréguliers et les mots qui n'ont pas été annotés faute de place ou parce que leur sens était évident dans le contexte. Grâce à ce lexique on pourra, en dernier recours, procéder à quelques vérifications ou faire un bilan des mots retenus au cours des lectures.

LE MAL DE VIVRE

Francis Jammes (1868-1938)

Francis Jammes est né à Tarbes. Il a passé la plus grande partie de sa vie dans cette région des Pyrénées orientales, cultivant son image d'ermite et de patriarche. Ses premières œuvres, au tournant du siècle, furent des recueils d'une poésie très personnelle, remarqués pour leur prosodie irrégulière, pour leur fraîcheur de sentiments et pour leur naïveté calculée : *De l'Angélus de l'Aube à l'Angélus du Soir, Le Deuil des primevères, Le Triomphe de la vie.*

Ses nouvelles, écrites presque en même temps, sont la transposition en prose de son art poétique élégiaque et transparent : *Clara d'Ellébeuse, Almaïde d'Etremont.* Après 1905, ses livres seront pénétrés d'une inspiration religieuse : *Clairières dans le ciel, Les Géorgiques chrétiennes, La Vierge et les sonnets.*

Le Mal de vivre est un conte très court, publié avec *Clara d'Ellébeuse.* On y reconnaît, dans un style particulièrement dépouillé, un Francis Jammes pareil à lui-même : chantre subtil de la douce nature, du bonheur simple, donné aux pauvres plus qu'aux riches, et de l'amour plus fort que tout.

Un poète qui se nommait Laurent Laurini avait le mal de vivre. C'est un mal horrible et qui fait que celui qui l'a ne peut voir les hommes, les animaux et les choses, sans horriblement souffrir. Puis c'est encore de grands scrupules qui empoisonnent le cœur.

Le poète quitta la ville où il demeurait. Il alla dans la campagne regarder les arbres, les blés, les eaux ; écouter les cailles qui chantent comme des sources, les retombements des métiers des tisserands et les fils du télégraphe qui bourdonnent. Ces choses et ces bruits l'attristaient.

Les plus douces pensées lui étaient amères. Et quand, pour échapper à son affreuse maladie, il avait cueilli quelque jolie fleur, il pleurait de l'avoir cueillie.

Il arriva dans un village, par une soirée douce qui avait le parfum des poires. C'était un beau village, comme ceux qu'il avait souvent décrits dans ses livres. Il y avait une place municipale, une église, un cimetière, des jardins, un forgeron et une auberge noire d'où sortait une bleue fumée et où brillaient des verres. Il y avait une rivière qui serpentait sous des noisetiers sauvages.

Le poète malade s'était assis tristement sur une pierre. Il songeait au supplice qu'il endurait, à sa mère pleurant son absence, aux femmes qui l'avaient trompé, et il regrettait le temps de sa première communion.

Mon cœur, pensait-il, mon triste cœur ne peut changer.

Soudain, il vit auprès de lui une jeune paysanne ramenant des oies sous les étoiles. Elle lui dit :

« Pourquoi pleures-tu ? »

Il répondit :

« Mon âme, en tombant sur la Terre, s'est fait mal.

mal : maladie, souffrance (le mal d'amour)
fait que... : a pour résultat que

puis : en plus
empoisonnent : donnent du poison, inquiètent
quitta : abandonna ☐ **demeurait :** habitait
campagne ≠ ville ☐ **blé(s),** m. : céréale du pain
caille(s) : oiseau ☐ **retombement(s) :** bruit dû au fonctionnement
métier(s) des tisserand(s) : machine et ouvrier qui fabriquent des textiles ☐ **fil(s) :** ligne ☐ **bourdonnent :** font le bruit d'un bourdon (genre d'abeille) ☐ **amèr(es) :** d'une saveur non douce
affreuse : horrible, très pénible ☐ **cueilli :** coupé, détaché
pleurait : versait des larmes
soirée : le soir, jusqu'au moment du coucher
poire(s), f. : fruit doux et juteux
décrit(s) : donné la description (verbe décrire)

forgeron : patron d'une forge ☐ **auberge :** hôtel à la campagne
fumée : gaz colorés venant d'un feu ☐ **verre(s),** m. : objet pour boire ☐ **noisetier(s),** m. : arbre qui donne des noisettes (fruit sec) ☐ **sauvage(s) :** non cultivé

songeait : pensait ☐ **supplice :** tourment
l'avaient trompé : lui avaient été infidèles
première communion : réception de l'eucharistie, marquée la première fois par une cérémonie religieuse et une fête

vit : passé simple de voir ☐ **auprès :** près ☐ **paysanne :** femme de la campagne ☐ **ramenant :** faisant revenir ☐ **oie(s),** f. : gros oiseau de ferme, blanc ou gris

âme, f. : partie de l'homme considérée comme sa vie spirituelle

Je ne peux pas guérir, car mon cœur me pèse trop.

— Veux-tu le mien? dit-elle. Il est léger. Moi je prendrai le tien et le porterai facilement. Ne suis-je pas habituée aux fardeaux?»

Il lui donna son cœur et prit le sien. Et aussitôt ils sourirent et s'en furent la main dans la main, par les sentiers.

Les oies allaient devant eux comme des morceaux de lune.

★

Elle lui disait :

« Je sais que tu es savant et que je ne peux pas savoir ce que tu sais. Mais je sais que je t'aime. Tu viens d'ailleurs, et tu as dû naître dans un joli berceau comme celui que je vis un jour sur une charrette. Il était pour des riches. Ta mère doit bien parler. Je t'aime. Tu as dû coucher avec des femmes qui ont la figure très blanche, et tu dois me trouver laide et noire. Moi, je ne suis pas née dans un joli berceau. Je suis née aux champs, au moment que l'on moissonne, dans le blé. On m'a dit cela, et que ma mère et moi et un petit agneau qu'une brebis avait mis bas le même jour, on nous mit sur un âne jusqu'à la maison. Les riches ont des chevaux. »

Il lui disait :

« Je sais que tu es simple et que je ne peux pas être comme toi. Mais je sais que je t'aime. Tu es d'ici, et on a dû te bercer dans un panier posé sur une chaise noire, comme celui que j'ai vu dans une image. Je t'aime. Ta mère doit filer le lin. Tu as dû danser sous les arbres avec des garçons beaux et forts et qui rient. Tu dois me trouver malade et triste. Moi je ne suis pas né aux

car: parce que □ **pèse**: est lourd (à porter)
léger ≠ lourd
prendrai: accepterai □ **porterai**: soutiendrai □ **facilement**: sans difficulté □ **habitué(e)**: accoutumé □ **fardeau(x)**: charge pesante
aussitôt: immédiatement
sourirent: montrèrent leur joie □ **s'en furent**: s'en allèrent
sentier(s), m.: chemin étroit
devant ≠ derrière □ **morceau(x)**, m.: partie, fragment
lune, f.: satellite de la terre

savant: plein de connaissances, qui sait beaucoup de choses

ailleurs ≠ ici □ **tu as dû**: supposition passée □ **naître**: venir au monde □ **berceau**: lit de bébé □ **charrette**: voiture à deux roues, tirée par un cheval □ **doit**: supposition présente
coucher avec...: avoir des relations sexuelles □ **figure**: visage
laid(e) ≠ beau
né(e): participe passé de naître □ **champ(s)**, m.: terrain cultivé
moissonne: récolte le blé
agneau: le petit d'une brebis
brebis: mouton femelle □ **mis bas**: mis au monde, en parlant d'une bête □ **âne**: animal gris, symbole de la bêtise, voisin du cheval

bercer: secouer gentiment un bébé pour l'endormir □ **un panier** sert à transporter des provisions □ **image**: dessin ou peinture
filer: fabriquer un fil □ **lin**: plante textile
rient: verbe rire

champs au moment que l'on moissonne. Nous sommes nés dans une belle chambre, moi et une petite sœur jumelle qui mourut aussitôt. Ma mère fut malade. Les pauvres ont la santé. »

Et alors, dans le lit où ils couchaient ensemble, ils s'embrassaient plus fortement.

Elle lui disait :

« J'ai ton cœur. »

Il lui disait :

« J'ai ton cœur. »

★

Ils eurent un joli petit garçon.

Et le poète, qui sentait que son mal de vivre avait fui, dit à sa femme :

« Ma mère ne sait pas ce que je suis devenu. Mon cœur se tord à cette pensée. Laisse-moi, amie, aller jusqu'à la ville, faire savoir que je suis heureux et que j'ai un fils. »

Elle lui sourit, sachant qu'elle gardait son cœur, et elle lui dit :

« Va. »

Et il repartit par les chemins par où il était arrivé. Il fut bientôt aux portes de la ville, devant une habitation magnifique où l'on entendait rire et parler parce que l'on y donnait une fête où les pauvres n'étaient pas conviés. Le poète reconnut la demeure d'un de ses anciens amis, un artiste opulent et célèbre. Il s'arrêta pour écouter les conversations, devant la grille du parc d'où l'on percevait des jets d'eau et des statues. Une femme, dont il reconnut la voix, qui était belle et qui, jadis, avait déchiré son cœur d'adolescent, disait :

chambre: pièce où on dort
jumelle (f. de jumeau): née d'une même mère en même temps
santé: bonne condition physique, sans maladie

s'embrassaient: se donnaient des baisers

sentait: comprenait □ **fui**: disparu très loin, complètement

se tord: est convulsé par douleur □ **laisse-moi...aller**: permets-moi d'aller

gardait: conservait près d'elle

va: impératif d'aller = pars
repartit: partit en sens inverse □ **chemin(s)**, m.: passage
bientôt: assez rapidement □ **porte(s) de la ville**: ouverture donnant accès à une ville fortifiée □ **l'on** = on (l'est un mot explétif, employé par euphonie) □ **convié(s)**: invité
demeure: habitation □ **ancien(s)**: d'autrefois
célèbre: connu de tout le monde □ **s'arrêta**: cessa d'avancer

jet(s) d'eau: fontaine
jadis: il y a longtemps
déchiré: mis en morceaux, causé une forte douleur à

« Vous souvenez-vous du grand poète Laurent Laurini ?... On dit qu'il s'est mésallié, qu'il a épousé une vachère... »

★

Les larmes lui vinrent aux yeux et il continua son chemin, par les rues de la ville, jusqu'à sa maison natale. Les pavés répondaient doucement à la parole de ses pas fatigués. Il poussa la porte, entra. Et sa chienne douce, fidèle et ancienne, accourut vers lui en boitant, jappa de joie et lui lécha la main. Il vit que, depuis son départ, la pauvre bête avait dû avoir quelque attaque de paralysie, parce que les chagrins et le temps prennent aussi le corps des animaux.

Laurent Laurini monta l'escalier et, près de la rampe, il fut ému, voyant la vieille chatte tourner sur elle-même, faire le gros dos, lever la queue, et se frotter aux marches. Sur le palier sonna l'horloge reconnaissante.

Il entra dans sa chambre, doucement. Il vit sa mère agenouillée et priant. Elle disait :

« Mon Dieu, faites que mon fils vive. Mon Dieu, il souffrait tant. Où est-il ? Pardonnez-moi de l'avoir fait naître. Pardonnez-lui de me faire mourir. »

Mais lui, agenouillé déjà près d'elle, mettait ses jeunes lèvres aux pauvres cheveux gris, disait :

« Viens avec moi. Je suis guéri. Je sais une campagne où sont des arbres, des blés, des eaux, où chantent les cailles, où rebondissent les métiers des tisserands, où bourdonnent les fils du télégraphe, où une pauvresse possède mon cœur et où joue ton petit-fils. »

Vous souvenez-vous du...? : vous rappelez-vous le...?
s'est mésallié : a épousé une femme socialement inférieure
vachère : femme qui s'occupe des vaches, à la campagne

vinrent : passé simple de venir □ **continua son chemin** : reprit sa marche □ **natal(e)** : de la naissance
pavé(s) : pierre d'une rue □ **répondaient... à la parole de ses pas** : faisaient écho au bruit de ses pieds
fidèle : constant(e) □ **accourut** : se hâta □ **boitant** : marchant mal □ **jappa** : cria comme un jeune chien □ **lécha** : donna des coups de langue sur □ **bête** : animal
chagrin(s), m. : peine, souffrance morale

escalier : ensemble de marches □ **rampe** : appui pour la main, sur le côté d'un escalier □ **ému** : touché
faire le gros dos : l'arrondir □ **lever** : dresser □ **se frotter** : se gratter □ **palier** : partie plate dans l'escalier □ **horloge** : grosse pendule, qui donne l'heure
agenouillé(e) : sur ses genoux □ **priant** : parlant à Dieu
vive : subjonctif de vivre (souhait)
tant : à un tel point

mettait : posait
lèvres : les deux bords de la bouche □ **aux** : contre les
suis guéri : ne suis plus malade □ **je sais une...** : je sais qu'il existe une...
rebondissent : vont de bas en haut et de haut en bas
pauvresse : femme très pauvre et dédaignée
joue : s'amuse

Grammar throughout the Stories

Give the French version of the following sentences translated from the original text. (The first number refers to the page, the second to the line):

He who suffers from it (has it) cannot see... (12 - 2).

He went into the countryside *and looked* at the trees (*aller* with infinitive of the following verb, 12 - 6).

The *buzzing* telegraph wires (present participle replaced by relative clause, 12 - 9).

When he had picked some pretty flower, he wept that he had *picked it* (past participle agreeing in gender and number with direct object placed before the verb, 12 - 13).

It was a beautiful village, like *those* he had often *described* in his books (agreement of demonstrative pronoun; subsequent agreement of past participle, 12 - 15).

A black inn *from which blue smoke was coming* (inversion of subject and verb after relative adverb *où*, 12 - 18).

He gave her his heart and took *hers* (agreement of possessive pronoun, 14 - 5).

You *must have slept* with women (must + perfect infinitive expressing supposition rendered by perfect of *devoir* + present infinitive, 14 - 16).

***I was told* that... *we were put* on a donkey** (passive constructions rendered by *on* + active verb, 14 - 21 and 23).

We *were born* in a fine room (16 - 1).

My mother doesn't know *what has become of me* (16 - 14).

A magnificent dwelling where he could hear *laughing and talking* (gerunds replaced by infinitives after verb of perception, 16 - 25).

A woman, *whose voice he recognized* (word order with possessive *dont*, 16 - 30).

O God, grant *that my son (may) be alive* (subjunctive expressing a wish in form of an exclamation, 18 - 22).

Forgive him for *making me die* (gerund replaced by infinitive; word order, 18 - 24).

L'AGONIE
DE LA *SÉMILLANTE**

Alphonse Daudet (1840-1897)

Daudet est né à Nîmes, dans le Midi. Avec son frère aîné, Ernest, qu'il rejoint à Paris en 1868, il partage un goût prononcé pour la littérature. Il travaille un temps comme secrétaire du duc de Morny, éminent homme politique du Second Empire. Régulièrement il part en voyage pour la Provence, la Corse et l'Algérie. Ses pièces de théâtre, en particulier *L'Arlésienne* (1872), accompagnée d'une musique de Bizet, ainsi que ses romans et ses nouvelles, rencontrent le succès.

Sa plus grande gloire lui vient des *Lettres de mon moulin* (1869), recueil de vingt-quatre nouvelles destinées à faire apprécier aux Parisiens, sous forme de lettres fictives, les mœurs méridionales ; Daudet s'y affirme comme le premier d'une grande lignée d'écrivains provençaux, parmi lesquels on comptera Henri Bosco, Jean Giono, Marcel Pagnol. On trouve cette œuvre dans *Le Livre de Poche,* ainsi que beaucoup d'autres écrits d'Alphonse Daudet, en particulier *Le Petit Chose* (1868), poignant roman autobiographique.

Contemporain de Zola, Daudet se réclame du naturalisme ; il écrit avec une émotion tendre et une gaieté fantaisiste, qui lui sont propres. Parfois sa veine s'assombrit, comme dans cette funèbre histoire de naufragés, tirée d'un fait réel.

---

* **agonie** : derniers moments avant la mort. Pendant la guerre de Crimée, la frégate la *Sémillante* fit naufrage au sud de la Corse le 15 février 1855 avec 773 hommes à bord.

Puisque le mistral de l'autre nuit nous a jetés sur la côte corse, laissez-moi vous raconter une terrible histoire de mer dont les pêcheurs de là-bas parlent souvent à la veillée, et sur laquelle le hasard m'a fourni des renseignements fort curieux.

... Il y a deux ou trois ans de cela.

Je courais la mer de Sardaigne en compagnie de sept ou huit matelots douaniers. Rude voyage pour un novice ! De tout le mois de mars, nous n'eûmes pas un jour de bon. Le vent d'est s'était acharné après nous, et la mer ne décolérait pas.

Un soir que nous fuyions devant la tempête, notre bateau vint se réfugier à l'entrée du détroit de Bonifacio, au milieu d'un massif de petites îles... Leur aspect n'avait rien d'engageant : grands rocs pelés, couverts d'oiseaux, quelques touffes d'absinthe, des maquis de lentisques, et, çà et là, dans la vase, des pièces de bois en train de pourrir ; mais, ma foi, pour passer la nuit, ces roches sinistres valaient encore mieux que le rouf d'une vieille barque à demi pontée, où la lame entrait comme chez elle, et nous nous en contentâmes.

À peine débarqués, tandis que les matelots allumaient du feu pour la bouillabaisse, le patron m'appela, et me montrant un petit enclos de maçonnerie blanche perdu dans la brume au bout de l'île :

« Venez-vous au cimetière ? me dit-il.

— Un cimetière, patron Lionetti ! Où sommes-nous donc ?

— Aux îles Lavezzi, monsieur. C'est ici que sont enterrés les six cents hommes de la *Sémillante*, à l'endroit même où leur frégate s'est perdue, il y a dix ans... Pauvres gens ! ils

mistral: vent violent □ **jeté(s)**: emporté □ **côte**: rivage maritime
raconter: dire □ **histoire**: récit □ **mer, f.**: ≠ terre
le **pêcheur** prend des poissons □ **veillée**: le soir après le repas
fourni: donné □ **renseignement(s)**: information
fort curieux: très intéressant(s) et surprenant(s)

courais la mer: allais vite partout sur... □ **en compagnie de** = avec
matelot(s), m.: marin □ **rude**: difficile
eûmes: passé simple d'avoir
s'était acharné...: nous avait harcelés □ **ne décolérait pas**: (expression) ne cessait pas d'être en colère
fuyions: éloignions vite □ **bateau, m.**: barque (l. 19)
se réfugier: prendre refuge □ **détroit**: bras de mer resserré
massif: groupe dense
engageant: agréable □ **roc(s)**: masse de pierres □ **pelé(s)**: sans végétation □ **touffe(s)**: gerbe □ **maquis**: bois dense □ **lentisque**: arbuste □ **vase, f.**: boue □ **en train de**: en voie de □ **pourrir**: se putréfier □ **ma foi**: oui □ **roche(s)**: roc □ **sinistre(s)**: peu rassurant
rouf: partie du bateau servant d'abri □ **ponté(e)**: recouvert d'un pont □ **lame**: grosse vague □ **nous nous en contentâmes**: nous ne demandâmes pas plus (que ces roches)
à peine: aussitôt □ **débarqué(s)**: sorti du bateau □ **allumaient**: enflammaient □ **bouillabaisse**: soupe de poissons □ **patron**: (ici) propriétaire du bateau □ **enclos de maçonnerie**: espace muré
brume: brouillard de mer □ **bout**: extrémité
cimetière: lieu où sont enterrés les morts (l. 29)

donc: renforce l'interrogation
ici: à cette place □ **enterré(s)**: mis en terre
la *Sémillante* (nom du bateau de guerre) = pleine de vie
s'est perdue: a fait naufrage □ **gens, m.**: personnes indéterminées

ne reçoivent pas beaucoup de visites ; c'est bien le moins que nous allions leur dire bonjour, puisque nous voilà...

— De tout mon cœur, patron. »

Qu'il était triste le cimetière de la *Sémillante* !... Je le vois encore avec sa petite muraille basse, sa porte de fer, rouillée, dure à ouvrir, sa chapelle silencieuse, et des centaines de croix noires cachées par l'herbe... Pas une couronne d'immortelles, pas un souvenir ! rien... Ah ! les pauvres morts abandonnés, comme ils doivent avoir froid dans leur tombe de hasard !

Nous restâmes là un moment agenouillés. Le patron priait à haute voix. D'énormes goélands, seuls gardiens du cimetière, tournoyaient sur nos têtes et mêlaient leurs cris rauques aux lamentations de la mer.

La prière finie, nous revînmes tristement vers le coin de l'île où la barque était amarrée. En notre absence, les matelots n'avaient pas perdu leur temps. Nous trouvâmes un grand feu flambant à l'abri d'une roche, et la marmite qui fumait. On s'assit en rond, les pieds à la flamme, et bientôt chacun eut sur ses genoux, dans une écuelle de terre rouge, deux tranches de pain noir arrosées largement. Le repas fut silencieux : nous étions mouillés, nous avions faim, et puis le voisinage du cimetière... Pourtant, quand les écuelles furent vidées, on alluma les pipes et on se mit à causer un peu. Naturellement, on parlait de la *Sémillante*.

« Mais enfin, comment la chose s'est-elle passée ? demandai-je au patron qui, la tête dans ses mains, regardait la flamme d'un air pensif.

— Comment la chose s'est passée ? me répondit le bon Lionetti avec un gros soupir, hélas ! monsieur, personne au monde ne pourrait le dire. Tout ce que nous savons, c'est que la *Sémillante*, chargée de troupes pour la Crimée, était

reçoivent... de(s) visites : ont des amis qui viennent ☐ **moins** ≠ plus
allions : subjonctif, après tournure impersonnelle
de tout...cœur : oui, volontiers
triste ≠ gai
muraille : mur épais ☐ **bas(se)** ≠ haut ☐ **fer :** métal ☐ **rouillé(e) :** oxydé ☐ **dur(e)** ≠ facile ☐ **ouvrir** ≠ fermer ☐ **silencieuse :** calme
croix : emblème chrétien ☐ **caché(es) :** devenu invisible
immortelle(s) : nom d'une plante à fleurs persistantes
comme : combien ☐ **doivent :** avec infinitif = supposition

restâmes : fûmes sans bouger ☐ **agenouillés :** sur nos genoux
priait : disait une prière (l. 15) ☐ **goéland(s) :** oiseau de mer
tournoyaient : volaient en cercle ☐ **mêlaient :** confondaient
rauque(s) : guttural
prière : parole adressée à Dieu ☐ **coin :** partie isolée
amarré(e) : attaché

flambant : brûlant bien ☐ **à l'abri de :** sous ☐ **marmite :** récipient
fumait : bouillait ☐ **rond :** cercle ☐ **flamme** = les flammes du feu
genou(x) : milieu de la jambe ☐ **écuelle :** assiette creuse
tranche(s) : morceau coupé au couteau ☐ **arrosé(es) :** accompagné de vin ☐ **repas :** occasion où on mange ☐ **mouillé(s) :** les vêtements pleins d'eau ☐ **voisinage :** proximité
vidé(es) ≠ rempli ☐ **se mit à :** commença de
causer = parler (fam.)
chose : (ici) catastrophe ☐ **s'est-elle passée ?** = est-elle arrivée ?

soupir : façon d'exprimer sa tristesse par sa respiration
monde : univers ☐ **pourrait :** conditionnel présent de pouvoir
chargée de troupes : pleine de soldats

partie de Toulon, la veille au soir, avec le mauvais temps. La nuit, ça se gâta encore. Du vent, de la pluie, la mer énorme comme on ne l'avait jamais vue... Le matin, le vent tomba un peu, mais la mer était toujours dans tous ses états, et avec cela une sacrée brume du diable à ne pas distinguer un fanal à quatre pas... Ces brumes-là, monsieur, on ne se doute pas comme c'est traître... Ça ne fait rien, j'ai idée que la *Sémillante* a dû perdre son gouvernail dans la matinée ; car, il n'y a pas de brume qui tienne, sans une avarie, jamais le capitaine ne serait venu s'aplatir ici contre. C'était un rude marin, que nous connaissions tous. Il avait commandé la station en Corse pendant trois ans, et savait sa côte aussi bien que moi, qui ne sais pas autre chose.

— Et à quelle heure pense-t-on que la *Sémillante* a péri ?

— Ce doit être à midi ; oui, monsieur, en plein midi... Mais, dame ! avec la brume de mer, ce plein midi-là ne valait guère mieux qu'une nuit noire comme la gueule d'un loup... Un douanier de la côte m'a raconté que ce jour-là, vers onze heures et demie, étant sorti de sa maisonnette pour rattacher ses volets, il avait eu sa casquette emportée d'un coup de vent, et qu'au risque d'être enlevé lui-même par la lame, il s'était mis à courir après, le long du rivage, à quatre pattes. Vous comprenez ! les douaniers ne sont pas riches, et une casquette, ça coûte cher. Or, il paraîtrait qu'à un moment notre homme, en relevant la tête, aurait aperçu tout près de lui, dans la brume, un gros navire à sec de toiles qui fuyait sous le vent du côté des îles Lavezzi. Ce navire allait si vite, si vite, que le douanier n'eut guère le temps de bien voir. Tout fait croire cependant que c'était la *Sémillante*, puisque une demi-heure après le berger des îles a entendu sur ces roches... Mais précisément voici le berger dont je vous parle,

était partie de: avait quitté □ **la veille** = le jour précédent
ça se gâta: cela devint pire (gâter : pourrir) □ **pluie**: eau qui tombe des nuages
tomba: (ici) s'arrêta □ **était...dans tous ses états**: (expression figée) très agitée □ **sacrée...du diable** = extrêmement épaisse □ **distinguer**: reconnaître □ **fanal**: lanterne □ **pas, m.**: enjambée
se doute: s'imagine □ **traître**: très dangereux □ **j'ai idée**: je pense
a dû...: probablement... □ **gouvernail**: sert à diriger un navire
...qui tienne (comme argument) □ **avarie**: dommage
s'aplatir: s'écraser □ **contre** (les rochers)
rude: solide □ **marin**: navigateur □ **...commandé la station**: avait été le chef du poste naval □ **savait sa côte** (= rivage) : la connaissait comme si elle était à lui

péri: disparu pour toujours
ce doit: présent historique (= passé) □ **en plein...**: exactement
dame !: évidemment □ **ne...guère** = ne...pas □ **valait...mieux**: était préférable □ **gueule**: bouche d'un animal □ **loup**: bête féroce
douanier: agent de la douane (contrôle des frontières)
maisonnette: petite maison (-ette, diminutif) □ **rattacher**: fixer encore □ **volet(s)**: panneau extérieur d'une fenêtre □ **casquette**: sorte de chapeau □ **au risque de**: malgré le danger de
courir...à quatre pattes: aller vite sur ses mains et ses pieds

cher: beaucoup d'argent □ **paraîtrait..., aurait aperçu**: conditionnels pour exprimer des affirmations atténuées (probabilité)
navire: gros bateau de pleine mer □ **à sec de toiles** = toutes ses voiles serrées (toile : étoffe de la voile) □ **sous le vent** = contre, à l'opposé du vent

le berger garde les troupeaux
précisément: justement □ **voici le berger** = il arrive

monsieur ; il va vous conter la chose lui-même... Bonjour, Palombo !... viens te chauffer un peu ; n'aie pas peur. »

Un homme encapuchonné, que je voyais rôder depuis un moment autour de notre feu et que j'avais pris pour quelqu'un de l'équipage, car j'ignorais qu'il y eût un berger dans l'île, s'approcha de nous craintivement.

C'était un vieux lépreux, aux trois quarts idiot, atteint de je ne sais quel mal scorbutique qui lui faisait de grosses lèvres lippues, horribles à voir. On lui expliqua à grand-
10 peine de quoi il s'agissait. Alors, soulevant du doigt sa lèvre malade, le vieux nous raconta qu'en effet, le jour en question, vers midi, il entendit de sa cabane un craquement effroyable sur les roches. Comme l'île était toute couverte d'eau, il n'avait pas pu sortir, et ce fut le lendemain seulement qu'en ouvrant sa porte il avait vu le rivage encombré de débris et de cadavres laissés là par la mer. Épouvanté, il s'était enfui en courant vers sa barque, pour aller à Bonifacio chercher du monde.

20 Fatigué d'en avoir tant dit, le berger s'assit, et le patron reprit la parole :

« Oui, monsieur, c'est ce pauvre vieux qui est venu nous prévenir. Il était presque fou de peur ; et, de l'affaire, sa cervelle en est restée détraquée. Le fait est qu'il y avait de quoi... Figurez-vous six cents cadavres en tas sur le sable, pêle-mêle avec les éclats de bois et les lambeaux de toile... Pauvre *Sémillante* !... la mer l'avait broyée du coup, et si bien mise en miettes que dans tous ses débris le berger Palombo n'a trouvé qu'à grand-peine de quoi faire une
30 palissade autour de sa hutte... Quant aux hommes, presque tous défigurés, mutilés affreusement... c'était pitié de les voir accrochés les uns aux autres, par grappes... Nous

conter : raconter
chauffer ≠ **refroidir** □ **aie** : impératif d'avoir □ **peur**, f. : crainte
encapuchonné : la tête dans un capuchon (bonnet) □ **rôder** : errer
ou traîner avec un air douteux □ **pris pour** : cru être
équipage : tous les marins d'un bateau □ **ignorais** = ne savais pas
s'approcha : vint plus près □ **craintivement** : avec frayeur
lépreux : qui a la lèpre □ **atteint** : malade □ **de je ne sais quel mal** :
d'un mal inconnu □ **scorbut(ique)** : maladie, avitaminose C
lèvres lippues : bords de la bouche énormes □ **à grand-peine** :
difficilement □ **de quoi il s'agissait** : le sujet de notre conversation
en effet : assurément □ **(le jour) en question** : dont nous parlions
cabane = **hutte** (l. 30) □ **craquement** : bruit de qqch. qui est en train
de casser □ **effroyable** : terrifiant
le lendemain ≠ **la veille** (p. 26, l. 1)

encombré : avec beaucoup □ **débris** : morceau brisé □ **cadavre(s)** :
corps d'un mort □ **épouvanté** : terrorisé □ **il s'était enfui** : il avait
fui, il était parti vite

fatigué : n'ayant plus de force □ **d'en avoir tant dit** : d'avoir raconté
une si grande partie de l'histoire

prévenir : avertir □ **fou de...** : hors de lui □ **affaire** : (ici) histoire
cervelle...détraquée : esprit... dérangé □ **il y avait de quoi** :
(expression) c'était normal □ **en tas** : l'un sur l'autre
éclat(s) = débris □ **lambeau(x)** : bout de tissu arraché
broyé(e) = mis(e) en miettes, écrasé en tout petits morceaux □ **du coup** : en une fois
de quoi (avec infinitif) : suffisamment pour
palissade : planches qui entourent □ **quant (à)** : au sujet de
défiguré(s) : méconnaissable □ **mutilé(s)** : le corps incomplet
accroché(s) : se tenant très fort □ **grappe(s)**, f. : groupe serré

trouvâmes le capitaine en grand costume, l'aumônier son étole au cou ; dans un coin, entre deux roches, un petit mousse. les yeux ouverts... on aurait cru qu'il vivait encore ; mais non ! Il était dit que pas un n'en réchapperait... »

Ici, le patron s'interrompit :

« Attention, Nardi ! cria-t-il, le feu s'éteint. »

Nardi jeta sur la braise deux ou trois morceaux de planches goudronnées qui s'enflammèrent, et Lionetti continua :

« Ce qu'il y a de plus triste dans cette histoire, le voici... Trois semaines avant le sinistre, une petite corvette, qui allait en Crimée comme la *Sémillante*, avait fait naufrage de la même façon, presque au même endroit ; seulement, cette fois-là, nous étions parvenus à sauver l'équipage et vingt soldats du train qui se trouvaient à bord... Ces pauvres tringlos n'étaient pas à leur affaire, vous pensez ! On les emmena à Bonifacio et nous les gardâmes pendant deux jours avec nous, à la *marine*... Une fois bien secs et remis sur pied, bonsoir ! bonne chance ! ils retournèrent à Toulon, où, quelque temps après, on les embarqua de nouveau pour la Crimée... Devinez sur quel navire !... Sur la *Sémillante*, monsieur... Nous les avons retrouvés tous, tous les vingt, couchés parmi les morts, à la place où nous sommes... Je relevai moi-même un joli brigadier à fines moustaches, un blondin de Paris, que j'avais couché à la maison et qui nous avait fait rire tout le temps avec ses histoires... De le voir là, ça me creva le cœur... Ah ! Santa Madre !... »

Là-dessus, le brave Lionetti, tout ému, secoua les cendres de sa pipe et se roula dans son caban en me souhaitant la bonne nuit... Pendant quelque temps encore, les matelots causèrent entre eux à demi-voix... Puis, l'une après l'autre,

aumônier, m. : prêtre catholique, attaché à un groupe
étole, f. : vêtement du prêtre, quand il confesse
mousse (masculin !) : jeune marin de moins de 16 ans
pas un n'en réchapperait : personne ne survivrait (au naufrage)
ici : sens temporel □ **s'interrompit** : s'arrêta un instant
s'éteint : cesse de brûler
braise : reste de la combustion du bois □ **morceau(x)** : partie d'un tout □ **planche(s)** : pièce de bois □ **goudronné(es)** : enduit de goudron (bitume) □ **continua** : reprit (son récit)

le sinistre (≠ l'adjectif !) : la catastrophe □ **corvette** : navire de guerre plus petit que la frégate □ **fait naufrage** : coulé

étions parvenus à : avions réussi à □ **sauver** : tirer du danger
...du train : soldats appartenant aux transports sur terre = (les) **tringlos** en argot militaire □ **n'étaient (...) affaire** : étaient malheureux □ **emmena** : conduisit □ **les gardâmes** : les fîmes rester
la marine : ville sur la plage □ **une fois** = devenu(s) □ **remis sur pied** : de nouveau en bonne santé

devinez : trouvez sans que je vous le dise

couché(s) : allongé □ **parmi** : au milieu de, entre
joli : bien fait □ **brigadier** = caporal (!) □ **moustache(s)** : singulier ou pluriel □ **blondin** : jeune blond □ **j'avais couché à la maison** : j'avais hébergé chez moi
creva le cœur : peina cruellement (crever : éclater)
là-dessus : alors □ **ému** : troublé □ **secoua** : vida □ **cendres** : tabac brûlé □ **se roula** : s'enveloppa □ **caban** : manteau □ **souhaitant la bonne nuit** : formant le vœu que je passe une...

les pipes s'éteignirent... On ne parla plus... Le vieux berger s'en alla... Et je restai seul à rêver au milieu de l'équipage endormi.

Encore sous l'impression du lugubre récit que je venais d'entendre, j'essayais de reconstruire dans ma pensée le pauvre navire défunt et l'histoire de cette agonie dont les goélands ont été seuls témoins. Quelques détails qui m'avaient frappé, le capitaine en grand costume, l'étole de l'aumônier, les vingt soldats du train, m'aidaient à deviner toutes les péripéties du drame... Je voyais la frégate partant de Toulon dans la nuit... Elle sort du port. La mer est mauvaise, le vent terrible ; mais on a pour capitaine un vaillant marin, et tout le monde est tranquille à bord...

Le matin, la brume de mer se lève. On commence à être inquiet. Tout l'équipage est en haut. Le capitaine ne quitte pas la dunette... Dans l'entrepont, où les soldats sont renfermés, il fait noir ; l'atmosphère est chaude. Quelques-uns sont malades, couchés sur leurs sacs. Le navire tangue horriblement ; impossible de se tenir debout. On cause assis à terre, par groupes, en se cramponnant aux bancs ; il faut crier pour s'entendre. Il y en a qui commencent à avoir peur... Écoutez donc ! les naufrages sont fréquents dans ces parages-ci ; les tringlos sont là pour le dire, et ce qu'ils racontent n'est pas rassurant. Leur brigadier surtout, un Parisien qui blague toujours, vous donne la chair de poule avec ses plaisanteries :

« Un naufrage !... mais c'est très amusant, un naufrage. Nous en serons quittes pour un bain à la glace, et puis on nous mènera à Bonifacio, histoire de manger des merles chez le patron Lionetti. »

Et les tringlos de rire...

éteignirent : passé simple d'éteindre
restai...à (avec infinitif) : ne fis rien d'autre que... □ **rêver** : imaginer

lugubre : funèbre □ **je venais d'** : passé immédiat
essayais de : tentais de □ **reconstruire** : reconstituer
défunt : mort

m'avaient frappé : (figuré) m'avaient impressionné

péripétie(s) : événement autre que ce qui est prévu normalement
sort..., est..., a... : verbes au présent historique pour donner au récit un caractère vivant et pathétique (jusqu'à la p. 34, l. 30)

se lève : apparaît
inquiet ≠ tranquille □ **ne quitte pas** : reste tout le temps
dunette : superstructure arrière du navire □ **entrepont**, m. : étage entre deux ponts □ **renfermé(s)** : longtemps enfermé
sac(s) : bagage □ **tangue** : monte et descend longitudinalement
horriblement : extrêmement
se cramponnant : se tenant fermement □ **banc(s)** : siège allongé
il y en a qui... = plusieurs

parages, m. pl. : région environnante □ **-ci** : renforce l'adjectif démonstratif **ces** □ **rassurant** : qui enlève les craintes
blague : fait rire □ **donne la chair de poule** : (expression) donne des frissons de peur sur la peau □ **plaisanterie(s)**, f. : parole ou action drôle □ **amusant** : divertissant
en serons quittes pour un... : ne subirons rien d'autre qu'...
histoire de... (avec infinitif, fam.) = pour □ **merle(s)**, m. : petit oiseau noir ou brun
Et...de : avec infinitif (sans autre verbe) = se mettent aussitôt à

Tout à coup, un craquement... Qu'est-ce que c'est? Qu'arrive-t-il?...

« Le gouvernail vient de partir, dit un matelot tout mouillé qui traverse l'entrepont en courant.

— Bon voyage ! » crie cet enragé de brigadier ; mais cela ne fait plus rire personne.

Grand tumulte sur le pont. La brume empêche de se voir. Les matelots vont et viennent, effrayés, à tâtons... Plus de gouvernail ! La manœuvre est impossible... La *Sémillante*, en dérive, file comme le vent... C'est à ce moment que le douanier la voit passer ; il est onze heures et demie. À l'avant de la frégate, on entend comme un coup de canon... Les brisants ! les brisants !... C'est fini, il n'y a plus d'espoir, on va droit à la côte... Le capitaine descend dans sa cabine... Au bout d'un moment, il vient reprendre sa place sur la dunette — en grand costume... Il a voulu se faire beau pour mourir.

Dans l'entrepont, les soldats, anxieux, se regardent, sans rien dire... Les malades essaient de se redresser... Le petit brigadier ne rit plus... C'est alors que la porte s'ouvre et que l'aumônier paraît sur le seuil avec son étole :

« À genoux, mes enfants ! »

Tout le monde obéit. D'une voix retentissante, le prêtre commence la prière des agonisants.

Soudain, un choc formidable, un cri, un seul cri, un cri immense, des bras tendus, des mains qui se cramponnent, des regards effarés où la vision de la mort passe comme un éclair...

Miséricorde !...

C'est ainsi que je passai toute la nuit à rêver, évoquant, à dix ans de distance, l'âme du pauvre navire dont les débris

tout à coup : soudainement

traverse : va d'un bout à l'autre
bon voyage ! : adressé au gouvernail par blague □ **cet enragé de :** ce fanatique de (la plaisanterie)
empêche : interdit
à tâtons : aveuglément
manœuvre : mouvements contrôlés du navire
en dérive : suivant son propre cours, sans direction □ **file :** va à la vitesse du vent
coup de canon : bruit d'une forte détonation
brisants, m. pl. : lame d'eau qui se brise sur des rochers bas
droit à : directement vers

se redresser : se relever

paraît : apparaît □ **seuil :** passage de la porte, entrée
enfants ! : l'aumônier est leur père spirituel
obéit : suit son ordre □ **voix retentissante :** voix très puissante
agonisant(s) : qui vit ses derniers instants
choc : coup violent d'un objet contre un autre □ **formidable :** très grand □ **bras tendus :** bras en avant
effaré(s) : apeuré □ **comme un éclair :** très vite ; l'éclair est la lueur de la foudre
miséricorde !... : pitié !... (fin du récit au présent historique)
passai...à : ne fis rien d'autre que... □ **évoquant :** rappelant
distance, f. : intervalle dans l'espace ou le temps □ **âme,** f. : esprit

m'entouraient... Au loin, dans le détroit, la tempête faisait rage ; la flamme du bivac se courbait sous la rafale ; et j'entendais notre barque danser au pied des roches en faisant crier son amarre.

m'entouraient : étaient autour de moi □ **faisait rage :** devenait violente □ **bivac** (ou bivouac) : campement □ **rafale :** coup de vent

amarre, f. : cable pour tenir un bateau en place

Grammar throughout the Stories

Give the French version of the following sentences translated from the original text. (The first number refers to the page, the second to the line):

A terrible tale of the sea *which* the fishermen of those parts often talk *about* (*dont* rendering relative pronoun combined with *about, of,* 22 - 2).

It was *two or three years ago* (22 - 6).

There was *nothing inviting* in their appearance (*quelque chose, rien* followed by adjective, 22 - 14).

How cold they must be...! (word order in exclamation, 24 - 9).

We *were wet,* we *were hungry* (24 - 22).

Those mists, sir, *you don't suspect* how treacherous they are (demonstrative adjective; *on* as subject of verb in general statement, 26 - 6).

I have an idea that the "Sémillante" *must have lost* its rudder (*devoir* expressing supposition, 26 - 7).

Come and warm yourself a little, *don't be* afraid (imperatives of irregular verbs, *tutoiement,* 28 - 2).

A man with a hood, that *I had seen* prowling around *for* a while (verb tense with *depuis* for action still in progress, 28 - 3).

For I was unaware that *there was* a shepherd on the island (imperfect subjunctive expressing uncertainty, 28 - 5).

With great difficulty we explained to him *what it was* (all) *about* (28 - 9).

The chaplain with his stole *around his neck* (definite article for parts of body, 30 - 2).

"Careful, Nardi!" he cried, "The fire *is going out*" (inversion of verb of saying after direct speech; reflexive verb, 30 - 6).

Still affected by the mournful story I *had just heard* (immediate past, 32 - 4).

Between-decks, the soldiers *look at one another* anxiously, without *saying* anything (pronominal verb; gerund replaced by infinitive, 34 - 18).

LE DOS DE LA CUILLÈRE*

Roger Grenier (1919-)

Roger Grenier est né à Caen; il a passé son enfance et une grande partie de sa jeunesse dans les Pyrénées. Il a terminé ses études de lettres pendant la guerre, après sa démobilisation. Il a fait de la résistance, puis s'est retrouvé à Paris en 1944, engagé par Albert Camus dans son illustre quotidien *Combat*.

Après cinq années de journalisme, Roger Grenier publie un essai chez Gallimard *Le Rôle d'accusé*. C'est le début d'une carrière d'écrivain, qui se continue sans interruption: une dizaine de romans, plusieurs recueils de nouvelles, des essais sur Camus, Hemingway, Tchekhov, Fitzgerald, London. L'importance de Roger Grenier a été reconnue par son entrée chez Gallimard comme conseiller littéraire en 1964, le prix Fémina attribué en 1972 à *Ciné-Roman* et le Grand Prix de la nouvelle en 1975 pour le *Miroir des eaux*. Citons aussi *Les Embuscades* (1958), *La Voie romaine* (1960), *Le Silence,* recueil de nouvelles (1961), *Le Palais d'Hiver* (1965), *La Follia* (1980), *Le Pierrot noir* (1986).

Le Dos de la cuillère est une nouvelle publiée en 1983. C'est l'histoire d'un représentant de commerce, lancé dans une aventure extra-conjugale semblable à tant d'autres. Quelques coïncidences bien montées prennent l'apparence d'un destin, auquel il croit un peu, cet homme banal et faible, curieusement nommé Duroc. Du moins croit-il pouvoir se tirer des situations embarrassantes, grâce à sa technique éprouvée des «demi-vérités».

---

*«Ne pas y aller avec le dos de la cuillère» est une expression populaire, qui signifie exagérer.

Lorsque Jean-Pierre Duroc épousa Maryse Courrière, ils allèrent en voyage de noces à Venise. La jeune mariée admira le travail des verriers de Murano, mais ne voulut acheter ni verres, ni vase, ni coupe, ni lustre. Elle regarda les magasins de chaussures, mais trouva que ce n'était pas son genre. Les formes et les couleurs étaient trop excentriques. Finalement, le seul souvenir qu'elle acheta à Venise fut une petite cuillère en argent, avec, en haut du manche, le lion de Saint-Marc.

10 Ils revinrent par Florence et Maryse acheta une seconde petite cuillère en argent, marquée du lys rouge.

Ce fut le début d'une collection.

Jean-Pierre Duroc travaillait dans une entreprise qui fabriquait des articles pour fumeurs. Il appartenait au service commercial. De temps en temps, assez rarement, il devait se rendre en province pour régler quelques problèmes avec un gros client. Chaque fois, il achetait pour sa femme une cuillère en argent aux armes de la
20 ville. C'était bien commode, d'ailleurs. La plupart du temps, il n'avait pas besoin de courir jusque chez les marchands de souvenirs autour de la cathédrale. Le client qu'il allait voir — un important bureau de tabac, le plus souvent — avait un rayon de souvenirs, parmi lesquels figuraient toujours des petites cuillères en argent.

Au bout de quelques années, Maryse commença à être fière de sa collection qui comportait dix-huit cuillères, qu'elle avait alignées dans d'anciennes boîtes de choco-
30 lats capitonnées et recouvertes de velours.

Comme il devait partir pour Nîmes, Jean-Pierre promit à son épouse de lui rapporter une dix-neuvième

épousa : prit pour femme
noce(s), f. : fête d'un mariage
les **verriers** travaillent le **verre**, matière transparente
verre : objet pour boire □ **coupe, f.** : récipient large □ **lustre, m.** : éclairage suspendu au plafond
pas son genre : pas convenable pour son type de femme

cuillère : ustensile creux pour manger □ **argent** : métal précieux
manche : partie longue d'un objet tenu à la main

lys (ou lis) : grande fleur blanche, très utilisée dans les armoiries

entreprise : firme, société commerciale ou industrielle
fumeurs : gens adonnés au tabac □ **appartenait** : faisait partie du
service : section, département
se rendre en province = quitter Paris □ **régler** : résoudre
client : qqn. qui vous achète régulièrement vos produits
aux armes : avec le dessin des armes (armes = ici armoiries)
commode : pratique □ **d'ailleurs** : de plus

bureau de tabac : café-restaurant où on vend des cigarettes
rayon : vitrine où est exposée une catégorie d'objets
figuraient : se trouvaient présentes

fière de : contente de posséder et montrer □ **comportait** : avait
aligné(es) : mis en ligne □ **ancien(nes)** : qui n'est plus utilisé
capitonné(es) : rembourré □ **velours** : tissu épais, doux, brillant
partir pour : se rendre à □ **Nîmes** : ville du Midi, à 700 km
promit : passé simple de promettre, s'engager à faire qqch.

petite cuillère, aux armes de la ville, qui représentent un crocodile et un palmier. Il ne se doutait pas que la dix-neuvième petite cuillère allait bouleverser sa vie.

Il venait de prendre congé de son client, le patron d'un des plus grands cafés-tabac de la ville, et s'apprêtait à sortir, quand entra une femme brune, aux cheveux courts. Le patron fit les présentations :

« Jean-Pierre Duroc... Madame Cécile Pâtre... Comme vous, Madame Pâtre est un de mes fournisseurs, depuis si longtemps qu'elle est devenue une amie.

— Vous n'aviez peut-être pas fini, dit la nouvelle venue. Je peux repasser dans un moment. »

Elle n'était pas belle, le nez trop fort en particulier. Mais elle avait des yeux noisette très vifs, un teint mat qui la rendaient attirante.

« Non, je m'en allais. »

Jean-Pierre Duroc salua une nouvelle fois ses interlocuteurs. Il fit deux pas pour se retirer, et s'arrêta soudain :

« Excusez-moi. J'allais oublier... C'est peut-être madame qui m'a troublé... J'ai un cadeau à faire. Je voudrais vous acheter une petite cuillère en argent aux armes de la ville. »

La dame brune éclata de rire.

« Cela ne vous paraît pas de bon goût ? demanda Jean-Pierre Duroc.

— De très bon goût, au contraire. C'est moi qui les fabrique.

— Vous fabriquez les petites cuillères de Nîmes ?

— De Nîmes, de Pontarlier, d'Agen, de Strasbourg, de Quimper, de Périgueux, de toutes les villes de France, et aussi de Belgique et du Luxembourg. Je me bats pour

palmier: arbre □ **ne se doutait pas**: n'avait pas l'idée
bouleverser: transformer profondément
prendre congé de: dire au revoir à
s'apprêtait à: était sur le point
brun(e): qui a le teint (l. 14) et les cheveux bruns
fit les présentations: les présenta l'un à l'autre

fournisseur(s): qqn. qui vous vend régulièrement ses produits

fini (de parler d'affaires)
repasser: revenir
fort = gros, quand il s'agit d'une femme
noisette: couleur de la noisette □ **teint**: coloris de peau □ **mat**: ≠ brillant, luisant □ **attirant(e)**: séduisant
je m'en allais: j'étais en train de partir à ce moment-là
salua: fit un signe de politesse
s'arrêta: cessa de marcher

oublier: perdre la mémoire
troublé: distrait □ **j'ai...à** (+ infinitif) = je dois □ **cadeau**: présent

éclata de rire: rit brusquement avec force
de bon goût: choisi avec discernement

...de Nîmes?: interrogative marquée par le ton seulement (ici exprime une grande surprise)

me bats: fais des efforts continuels

décrocher le marché italien, mais j'ai un concurrent, à Reggio-di-Emilia, qui me mène la vie dure.

— Toutes les petites cuillères en argent que l'on achète en souvenir, quand on voyage, avec, chaque fois, le blason de la ville...

— Elles sortent toutes de mon usine de Châtillon-sous-Bagneux.

— Alors, c'est absurde d'en faire la collection... »

Pour le consoler de sa déception, et s'excuser d'avoir démoli ses illusions, la dame ouvrit une mallette d'échantillons et lui offrit la petite cuillère avec, en émail, au bout du manche, le crocodile et le palmier nîmois.

« Ce ne sera pas un souvenir de Nîmes, mais un souvenir de notre rencontre, dit galamment Jean-Pierre Duroc.

— Elle était donc pour vous ? Vous aviez dit que vous vouliez faire un cadeau.

— Un cadeau, oui, mais pour quelqu'un de ma famille », répondit Jean-Pierre Duroc qui avait tendance à ne dire jamais que la moitié de la vérité, car il pensait que la vérité était un produit dangereux à l'état pur.

« C'est pour votre femme », devina Cécile Pâtre en montrant l'alliance qui brillait à la main gauche de Jean-Pierre Duroc.

Le soir, ils se retrouvèrent sur le quai de la gare, attendant tous les deux le train pour Paris. Ils n'étaient pas dans la même voiture, mais se donnèrent rendez-vous pour dîner au wagon-restaurant. Jean-Pierre Duroc apprit que Cécile Pâtre s'était mariée fort jeune, que son mari avait bientôt été mobilisé et envoyé en Algérie où il avait trouvé la mort. Peu après, ses parents avaient

décrocher : obtenir (fam.) ☐ **concurrent** = rival (commercial)
mène la vie dure : cause des difficultés

voyage : va d'un endroit à un autre, loin de chez soi
blason : ensemble des armes dessinées (sur le bouclier)
usine, f. : fabrique ☐ **Châtillon-sous-Bagneux :** localité de la banlieue sud de Paris

déception : désappointement
mallette : petite valise
échantillon(s), m. : spécimen ou exemple d'un produit
émail, m. : substance dure et décorative
nîmois(e) : adjectif de Nîmes

galamment : de façon galante (politesse envers les femmes)

avait tendance à : était enclin à, porté à
ne...jamais que = toujours seulement ☐ **moitié :** 2 est la moitié de 4 ☐ **à l'état pur :** sans mélange, en elle-même
devina : trouva la réponse juste
alliance, f. : anneau de mariage, sur un doigt ☐ **gauche** ≠ droite

gare : endroit où s'arrêtent les trains
attendant : restant là jusqu'à ce qu'arrive (le train)
voiture : wagon réservé aux voyageurs

apprit : passé simple d'apprendre

avaient disparu : étaient morts (euphémisme)

disparu, lui laissant sur les bras l'usine familiale. Ainsi, elle s'était trouvée tellement occupée qu'elle n'avait jamais eu le temps de penser aux choses du cœur.

Après le dîner, Jean-Pierre Duroc alla chercher ses bagages et s'installa dans le compartiment de Cécile, pour continuer cet intéressant échange de confidences. Il fallut quand même se quitter à Paris. Il y eut un moment d'embarras. Cécile finit par dire :

« Puisque vous vous intéressez aux petites cuillères, venez un jour visiter mon usine. »

Jean-Pierre, rentré chez lui, offrit le souvenir de Nîmes à son épouse qui alla aussitôt ranger la cuillère aux côtés des autres, dans une vieille boîte de chocolats. Sa méfiance envers la vérité lui fit remettre à plus tard le récit de sa rencontre, et ce qu'il avait appris sur les petites cuillères de France et du Benelux, qui sortaient toutes du même moule. Il se persuada qu'il ne disait rien pour ne pas gâcher le plaisir que sa femme trouvait dans son innocente passion de collectionneuse.

Il n'attendit pas plus de deux jours avant d'aller rendre visite à la directrice de l'usine de Châtillon-sous-Bagneux. Ce fut le début d'une liaison qui apporta à tous deux une part de bonheur, mais aussi, comme tout amour clandestin, des frustrations, des situations humiliantes, l'insatisfaction devant la rareté des rencontres.

Une des principales revendications de Cécile était de pouvoir, de temps en temps, passer une nuit entière avec l'homme qu'elle aimait. Jean-Pierre promettait, mais ne savait comment faire. Il ne voulait causer aucune peine à sa femme. Et pourtant, n'était-ce pas ce qu'il avait commencé à faire, sans même s'en rendre compte ? Il la

sur les bras : à sa charge ☐ **familial(e) :** apppartenant à sa famille ☐ **occupé(e) :** pris par un gros travail
choses du cœur : affaires sentimentales
chercher : prendre et apporter
compartiment : partie séparée et fermée de la voiture

quand même : malgré tout ☐ **se quitter :** se séparer
finit par dire : dit enfin, réussit finalement à dire

chez lui = à la maison
ranger : mettre à sa place

méfiance ≠ confiance ☐ **envers :** pour ☐ **remettre à plus tard :** retarder, ne pas faire aussitôt ☐ **récit :** narration
Benelux = Belgique + Pays-Bas (Nederland) + Luxembourg
moule : pièce industrielle pour reproduire en masse un modèle
gâcher : détruire, ravager
collectionneuse : f. de collectionneur

directrice : f. de directeur
début : commencement
bonheur, m. : joie de vivre, béatitude

revendication(s) : exigence ou demande correspondant à un droit

et pourtant : mais
s'en rendre compte : en être conscient

négligeait, se montrait moins tendre, moins patient aussi.

« On dirait que je t'ennuie », soupirait parfois la pauvre Maryse.

Les amants en étaient arrivés à ce point critique où il faut trouver une solution ou rompre.

« C'est simple pourtant, disait Cécile. Tu n'as qu'à dire que ta boîte t'envoie plus souvent en voyage. »

Mais il leur appartenait d'ajouter à ce subterfuge d'une totale banalité une note d'invention personnelle. Bientôt, ils n'arrivèrent plus à savoir qui avait trouvé l'idée le premier, Jean-Pierre ou Cécile. Ils se congratulaient comme deux complices qui croient avoir mis au point ensemble le crime parfait. Jean-Pierre annonçait à sa femme qu'il était envoyé à Grenoble, à Brest ou à Carcassonne. Quand il revenait, il lui rapportait une petite cuillère en argent aux armes de la ville en question. La collection augmenta rapidement. Maintenant, quand Maryse sortait ses cuillères de leurs boîtes et les passait en revue, Jean-Pierre revoyait telle ou telle nuit dans la villa de Châtillon voisine de l'usine, le corps de sa maîtresse, ses seins aux pointes mauves, ses yeux noisette qui riaient, mais qui, parfois aussi, pleuraient.

« Tu ne t'intéresses pas à ma collection. À quoi rêves-tu ? » lui reprochait Maryse.

Jean-Pierre Duroc annonça à sa femme qu'on l'envoyait à Dax. Il connut une charmante soirée à Châtillon-sous-Bagneux. La brune P.-D.G. aimait à cuisiner pour lui et, ensuite, ils passaient dans la chambre, pour une nuit véritablement conjugale. Au matin, avant la séparation, Cécile demanda à son amant :

négligeait: ne faisait pas attention à elle
je t'ennuie: je t'embête □ **soupirait**: montrait sa tristesse en faisant entendre sa respiration
amant(s): amoureux non marié □ **en étaient arrivés à**: se trouvaient malgré eux □ **rompre** (la liaison): mettre une fin brutale
ta boîte: ta firme (très familier) □ **envoie**: donne l'ordre d'aller, il leur appartenait: c'était leur idée en propre □ **ajouter**: joindre, mettre en plus
n'arrivèrent plus à: furent incapables de

complice(s), m.: celui qui participe au crime d'un autre □ **avoir mis au point**: avoir fait des préparatifs complets

en question: dont il s'agit
augmenta: se développa, s'accrut

passait en revue: inspectait une par une □ **revoyait**: imaginait par la mémoire
sein(s), m.: poitrine de la femme □ **pointe(s)**, f.: extrémité

rêves-tu?: laisses-tu aller ta pensée?

connut: eut l'expérience d' □ **soirée**: temps après le dîner
P.-D.G. = président-directeur général d'une firme
cuisiner: faire la cuisine

demanda à: questionna

« Dans quelle ville es-tu censé te trouver, pour que j'aille te chercher une cuillère ?

— À Dax.

— Bien. Dax, deux tours et un lion, je crois. »

Ils traversèrent la cour pour gagner l'usine, encore déserte. Ils allèrent ensemble dans l'entrepôt où les cuillères étaient rangées dans des cases, une par ville. La case de Dax était vide.

« Je suis en rupture de stock », dit Cécile Pâtre.

Jean-Pierre Duroc devient blême.

« Que vas-tu faire ?

— Je ne sais pas. J'inventerai quelque chose.

— Emportes-en toujours une, n'importe laquelle. Tiens, Ax-les-Thermes. Ax, Dax, c'est presque pareil. »

Quand Maryse accueillit Jean-Pierre, elle ne manqua pas de lui demander, comme chaque fois :

« Tu m'as rapporté ma petite cuillère ? »

Jean-Pierre se mit à bafouiller. Il commença par dire qu'il n'en avait pas trouvé. (Toujours la technique des demi-vérités. C'était vrai qu'il n'en avait pas trouvé, mais dans l'usine de Châtillon.) Maryse s'exclama :

« Ce n'est pas possible ! C'est invraisemblable ! Tu ne vas pas me dire que, dans tout Dax, il n'y avait pas une petite cuillère ! Une ville thermale ! »

Jean-Pierre, en proie à la panique, balbutia :

« Si, j'en ai trouvé une. Mais elle n'est pas très belle, alors, tu comprends... »

Il sortit de sa poche le souvenir d'Ax-les-Thermes.

« Tu n'es pas allé à Dax ? s'étonna Maryse.

— Mais si.

— Alors pourquoi cette cuillère d'Ax-les-Thermes ?

censé: supposé □ **te trouver**: être présent
aille: subjonctif présent d'aller (après **pour que**)

tour(s), f.: construction très haute (d'un château)
cour: espace entre des bâtiments □ **gagner**: se diriger vers
entrepôt, m.: édifice pour stocker les marchandises
case(s), f.: emplacement pour rangement méthodique □ **par**: pour chaque □ **vide** ≠ plein
rupture de stock: manque d'approvisionnement (langue du commerce) □ **blême**: très pale

emportes-en: impératif (notez le -s!) □ **n'importe laquelle** = une quelconque □ **tiens**: ah! (surprise) □ **pareil**: similaire
accueillit: reçut □ **ne manqua pas**: n'oublia pas

bafouiller: parler d'une manière embarrassée

invraisemblable: qui ne paraît pas et n'est pas vrai □ **tu ne vas pas me dire**: tu ne peux pas avoir l'audace de m'affirmer
ville thermale: ville dont l'eau est bonne pour les malades
en proie à: tourmenté par □ **balbutia**: dit avec beaucoup d'hésitation
alors: en conséquence
poche: partie intérieure d'un vêtement (pour de petits objets)
s'étonna: dit avec étonnement (grande surprise)
si = oui, quand la question est négative

— Eh bien, c'est ça même, d'Ax. Tu as dû mal comprendre. Je t'ai parlé d'Ax et tu as compris Dax.
— J'avais pourtant bien l'impression qu'il s'agissait de Dax, dans les Landes. Tu as dit que tu avais l'intention de manger du foie gras.
— Du foie gras ? J'ai horreur de ça. »

S'ensuivit une controverse sur la cuisine landaise. Bref, la catastrophe fut évitée de justesse.

Cécile avait engueulé son chef de fabrication et surveillait de près ses stocks. Les amours reprirent leur vitesse de croisière.

Un jour que Jean-Pierre revenait d'un « voyage » à Toulouse (un agneau, un château, une basilique et des fleurs de lys, tout cela à l'extrémité du manche d'une petite cuillère), Maryse lui annonça :

« Tu vas avoir une surprise. »

Jean-Pierre fut aussitôt sur ses gardes. Pourtant l'idée de sa femme était bien innocente.

« Cette cuillère que tu me ramènes de Toulouse est la cinquantième de ma collection. Cela vaut bien une petite fête. J'ai acheté une bouteille de champagne et un gâteau au chocolat. »

Quand ils eurent fini le champagne, Maryse essuya une larme.

« C'est bête, je suis émue. Toutes ces cuillères... Tu penses toujours à moi. »

Quinze jours plus tard, Jean-Pierre annonça à sa femme que son patron l'envoyait à Belfort. Au moment où il l'embrassait pour lui dire au revoir, elle le retint un instant :

« Écoute-moi, Jean-Pierre. Je ne suis pas tout à fait

eh bien : justement ! □ **ça même** = cela exactement (fam.) □ **tu as dû mal comprendre :** je suppose que tu as mal compris
bien : pour de bon, réellement □ **il s'agissait :** il était question

foie gras : spécialité culinaire d'oie ou de canard (le foie est un organe)
s'ensuivit : vint ensuite □ **bref :** pour finir
...fut évité(e) de justesse : on échappa de très peu à
engueulé : réprimandé (fam.)
surveillait : regardait attentivement pour les contrôler
vitesse de croisière : allure normale (**vitesse :** rapidité ; **croisière :** marche d'un navire)
agneau : petit d'une brebis □ **basilique :** grande église votive

sur ses gardes : prêt à une attaque, sur la défensive

ramènes : rapportes (fam.)
vaut bien : est digne de

essuya une larme : (cliché) éprouva une joie intense (**essuya :** sécha ; **larme :** goutte d'eau qui tombe des yeux)
bête : (adjectif) stupide □ **ému(e) :** troublé

patron : chef de l'entreprise

idiote, tu sais. J'ai fini par comprendre que je t'agace, avec mes petites cuillères. Alors, finie la collection. J'arrête. Cinquante est d'ailleurs un bon chiffre. Un compte rond. Mais j'ai eu une autre idée. Désormais, mon chéri, si tu veux être gentil avec moi, rapporte-moi des assiettes. »

agace : use les nerfs, irrite
finie la… : c'est la fin de…
arrête : cesse, ≠ continuer
compte rond : un nombre avec un zéro □ **désormais :** à l'avenir
gentil : délicat, tendre
assiette(s), f. : pièce de vaisselle pour prendre un repas

Grammar throughout the Stories

Give the French version of the following sentences translated from the original text. (The first number refers to the page, the second to the line):

But (she) *didn't want* to buy glasses, *or* a vase, *or* a fruitbowl *or* a chandelier (*ne...ni...ni...*, 40 - 3).

From time to time, rather infrequently, *he had to go* to the provinces to clear up a few problems with an important customer (*devoir* expressing obligation, 40 - 16).

Each time, he *would buy* his wife a silver spoon with the arms of the town (habitual action, 40 - 18).

He didn't suspect that the nineteenth little spoon *was going to disrupt* his life (immediate future, 42 - 2).

He *had just taken leave* of his customer (immediate past, 42 - 4).

But she had very bright hazel eyes and a mat complexion which *made her attractive* (*make* + adjective, 42 - 14).

(He) tended *never* to tell *anything but* half the truth (double negative, 44 - 20).

(They) *arranged to meet* and dine in the restaurant-car (44 - 29).

However they *had to separate* in Paris (obligation rendered by *falloir*, 46 - 6).

Jean-Pierre promised, but *didn't know how to do it* (*ne* alone with *savoir* + indirect question, 46 - 28).

Wasn't that what he had started *doing*, without even *realizing* it? (infinitives replace gerunds, 46 - 30).

They *congratulated each other*, like two accomplices who *believe they have worked out* the perfect crime together (pronominal verb; infinitive construction after *croire*, 48 - 11).

In what town are you supposed to be, *so that I can go* and fetch you a spoon? (subjunctive after *pour que*, 50 - 1).

"You didn't go to Dax?" said Maryse astonished. *"Oh, yes I did"* (*si* after negative question, 50 - 29).

That's well worth a little party (52 - 20).

DEUX AMIS

Guy de Maupassant (1850-1893)

Maupassant, né en Normandie, y a vécu jusqu'à la guerre de 1870. Après des études de droit à Paris, il entre dans des ministères comme employé. Conseillé par Flaubert, il se met à écrire. Grâce au succès de sa première nouvelle *Boule de suif* (1880), il va réaliser une brillante carrière d'écrivain et de journaliste. Dix ans plus tard, la syphilis et la folie y mettront dramatiquement fin.

Il est resté le maître incontesté de la nouvelle réaliste, brève, cruelle. Ses nombreux personnages représentent si bien les divers milieux et les mentalités de son temps qu'on parle à juste titre de « l'époque Maupassant ». Le plus souvent à leur insu, ils sont guettés par un malheur qui tantôt les abaisse, tantôt les grandit.

Deux Amis fait partie du recueil de nouvelles *Mademoiselle Fifi,* que l'on trouve dans « Le Livre de Poche » (de même que le célèbre *Le Horla* ou le roman *Bel-Ami,* œuvres en partie autobiographiques). Ce récit a pour cadre le siège de Paris, événement douloureux de la guerre franco-allemande de 1870-1871. Mais que pourrait-il leur arriver, à ces braves « deux amis », petits boutiquiers pacifistes et pêcheurs impénitents ?

Paris était bloqué, affamé et râlant. Les moineaux se faisaient bien rares sur les toits, et les égouts se dépeuplaient. On mangeait n'importe quoi.

Comme il se promenait tristement par un clair matin de janvier le long du boulevard extérieur, les mains dans les poches de sa culotte d'uniforme et le ventre vide, M. Morissot, horloger de son état et pantouflard par occasion, s'arrêta net devant un confrère qu'il reconnut pour un ami. C'était M. Sauvage, une connaissance du bord de l'eau.

Chaque dimanche, avant la guerre, Morissot partait dès l'aurore, une canne en bambou d'une main, une boîte en fer-blanc sur le dos. Il prenait le chemin de fer d'Argenteuil, descendait à Colombes, puis gagnait à pied l'île Marante. À peine arrivé en ce lieu de ses rêves, il se mettait à pêcher ; il pêchait jusqu'à la nuit.

Chaque dimanche, il rencontrait là un petit homme replet et jovial, M. Sauvage, mercier, rue Notre-Dame-de-Lorette, autre pêcheur fanatique. Ils passaient souvent une demi-journée côte à côte, la ligne à la main et les pieds ballants au-dessus du courant ; et ils s'étaient pris d'amitié l'un pour l'autre.

En certains jours, ils ne parlaient pas. Quelquefois ils causaient ; mais ils s'entendaient admirablement sans rien dire, ayant des goûts semblables et des sensations identiques.

Au printemps, le matin, vers dix heures, quand le soleil rajeuni faisait flotter sur le fleuve tranquille cette petite buée qui coule avec l'eau, et versait dans le dos des deux enragés pêcheurs une bonne chaleur de saison nouvelle, Morissot parfois disait à son voisin : « Hein ! quelle douceur ! » et

...**affamé**: avait faim □ **râlant**: agonisant □ **moineau**, m.: oiseau
se faisaient...rares: on n'en voyait plus □ **égout(s)**: canal souterrain
pour eaux sales □ **n'importe quoi**: de tout
comme: alors qu' □ **par un...matin**: pendant (par un été)
boulevard extérieur: ancienne limite de Paris
culotte: vêtement des jambes □ **ventre**: estomac □ **vide** ≠ plein
un **horloger** vend des montres □ **état**: métier □ **pantouflard**: qui
aime rester chez lui □ **net**: soudain □ **confrère**: collègue
une **connaissance**: qqn. que l'on connaît □ **bord de l'eau**: rive (ils
se sont connus à la pêche)
dès...: aussitôt que venait
aurore, f.: clarté avant le jour □ **boîte**: récipient □ **fer-blanc**: tôle
fine □ **Argenteuil,...Colombes**: villes de banlieue au nord-ouest de
Paris □ **gagnait**: atteignait
à peine: aussitôt □ **...de ses rêves**: idéal □ **se mettait à pêcher**:
commençait à prendre des poissons (≠ pécher!)
rencontrait: retrouvait □ **replet**: un peu gras
un **mercier** vend du fil et des boutons

ligne: (ici) canne à pêche □ **ballants**: se balançant dans le vide
courant (du fleuve) □ **s'étaient pris d'amitié**: avaient commencé à
être amis

causaient: parlaient (fam.) □ **s'entendaient**: sympathisaient
goûts semblables: jugements et désirs pareils

Au printemps: en avril, mai, juin
rajeuni: redevenu fort □ **flotter**: rester sur l'eau □ **buée**: vapeur
coule: se déplace □ **versait**: répandait □ **enragé(s)**: fanatique
saison: le **printemps** est une des quatre saisons
hein!: n'est-ce pas? (la réponse attendue est oui)

M. Sauvage répondait : « Je ne connais rien de meilleur. » Et cela leur suffisait pour se comprendre et s'estimer.

À l'automne, vers la fin du jour, quand le ciel, ensanglanté par le soleil couchant, jetait dans l'eau des figures de nuages écarlates, empourprait le fleuve entier, enflammait l'horizon, faisait rouges comme du feu les deux amis, et dorait les arbres roussis déjà, frémissants d'un frisson d'hiver, M. Sauvage regardait en souriant Morissot et prononçait : « Quel spectacle ! » Et Morissot émerveillé
10 répondait, sans quitter des yeux son flotteur : « Cela vaut mieux que le boulevard, hein ? »

Dès qu'ils se furent reconnus, ils se serrèrent les mains énergiquement, tout émus de se retrouver en des circonstances si différentes. M. Sauvage, poussant un soupir, murmura : « En voilà des événements ! » Morissot, très morne, gémit : « Et quel temps ! C'est aujourd'hui le premier beau jour de l'année. »

Le ciel était, en effet, tout bleu et plein de lumière.

Ils se mirent à marcher côte à côte, rêveurs et tristes.
20 Morissot reprit : « Et la pêche ? hein ! quel bon souvenir ! »

M. Sauvage demanda : « Quand y retournerons-nous ? »

Ils entrèrent dans un petit café et burent ensemble une absinthe ; puis ils se remirent à se promener sur les trottoirs.

Morissot s'arrêta soudain : « Une seconde verte, hein ? » M. Sauvage y consentit : « À votre disposition. » Et ils pénétrèrent chez un autre marchand de vins.
30 Ils étaient fort étourdis en sortant, troublés comme des gens à jeun dont le ventre est plein d'alcool. Il faisait doux. Une brise caressante leur chatouillait le visage.

meilleur : comparatif de bon
suffisait : était assez □ **s'...** : pronom réciproque

ensanglanté : couleur du sang □ **couchant** ≠ levant □ **jetait** : envoyait □ **écarlate(s)** : rouge vif □ **empourprait,... enflammait,... dorait** : donnait la couleur de la pourpre,... la flamme,... de l'or
roussi(s) : devenus roux (bleuir, rougir) □ **frémissants d'un frisson** : pris de légers tremblements dus au froid
prononçait : jugeait □ **spectacle** : beauté □ **émerveillé** : charmé
quitter des yeux : cesser de regarder □ **flotteur** : bouchon de la ligne de pêche □ **vaut mieux que** : est préférable à
se furent reconnus : passé antérieur (retour au récit initial)
émus : pris d'émotion □ **circonstance(s)** : condition générale
poussant un soupir : faisant entendre une respiration triste
en voilà des...! : c'est incroyable ces...! □ **événement(s)** : fait historique □ **morne** : triste □ **gémit** : dit avec peine
...de l'année : janvier 1871, pendant le siège de Paris
en effet : réellement □ **lumière, f.** : clarté
côte à côte : l'un à côté de l'autre □ **rêveur(s)** : pensif
reprit (la parole)

retournerons-nous ? : irons-nous encore ? (y : à la pêche)

burent : passé simple de boire
une absinthe : un apéritif (sorte de vermouth) □ **remirent** : re- = encore une fois □ **trottoir(s)** : bord de la rue réservé aux piétons
verte (ici) = absinthe, alcool de couleur verte
consentit : exprima son accord □ **à votre disposition** (formule de politesse) = comme vous voulez □ **pénétrèrent** : entrèrent
étourdi(s) : grisé (≠ adjectif étourdi = distrait !)
à jeun : sans avoir rien mangé
brise : vent □ **leur chatouillait le...** : touchait doucement leur...

M. Sauvage, que l'air tiède achevait de griser, s'arrêta :
« Si on y allait ?
— Où ça ?
— À la pêche, donc.
— Mais où ?
— Mais à notre île. Les avant-postes français sont auprès de Colombes. Je connais le colonel Dumoulin ; on nous laissera passer facilement. »

Morissot frémit de désir : « C'est dit. J'en suis. » Et ils se séparèrent pour prendre leurs instruments.

Une heure après, ils marchaient côte à côte sur la grand-route. Puis ils gagnèrent la villa qu'occupait le colonel. Il sourit de leur demande et consentit à leur fantaisie. Ils se remirent en marche, munis d'un laissez-passer.

Bientôt ils franchirent les avant-postes, traversèrent Colombes abandonné, et se trouvèrent au bord des petits champs de vigne qui descendent vers la Seine. Il était environ onze heures.

En face, le village d'Argenteuil semblait mort. Les hauteurs d'Orgemont et de Sannois dominaient tout le pays. La grande plaine qui va jusqu'à Nanterre était vide, toute vide, avec ses cerisiers nus et ses terres grises.

M. Sauvage, montrant du doigt les sommets, murmura : « Les Prussiens sont là-haut ! » Et une inquiétude paralysait les deux amis devant ce pays désert.

Les Prussiens ! Ils n'en avaient jamais aperçu, mais ils les sentaient là depuis des mois, autour de Paris, ruinant la France, pillant, massacrant, affamant, invisibles et tout-puissants. Et une sorte de terreur superstitieuse s'ajoutait à la haine qu'ils avaient pour ce peuple inconnu et victorieux.

tiède : ni chaud ni froid □ **achevait :** finissait □ **griser** (rendre gris) : enivrer, faire tourner la tête

donc : marque ici la reprise d'une conversation interrompue

avant-poste(s) : soldats placés en avant d'un poste militaire

c'est dit : d'accord □ **j'en suis :** j'y vais aussi
se séparèrent : se quittèrent □ **instrument(s), m. :** objet utile à
grand-route : et non grande (!), comme grand-mère, grand-messe
qu'occupait... : où il était installé à titre militaire
sourit de : s'amusa de □ **demande :** souhait □ **fantaisie :** caprice
munis d'un laissez-passer : possédant un permis de circuler
bientôt : peu de temps après □ **franchirent :** passèrent au-delà...
au bord de(s) : à la limite de
vigne, f. : plante dont les raisins fournissent le vin

en face : de l'autre côté de la Seine □ **Argenteuil, Orgemont, Sannois**
s'y trouvent ; ces villes sont occupées par les Allemands
La grande plaine...Nanterre : non occupée, est de leur côté
cerisier(s) : arbre fruitier □ **gris :** ni blanc ni noir (≠ l. 2)
sommet(s), m. : point le plus haut (= les hauteurs)
inquiétude ≠ tranquillité

aperçu : vu en passant ou de loin
depuis des mois : le siège a commencé le 19 septembre 1870
pillant : emportant tout
s'ajoutait à : venait en plus de
haine ≠ amour

Morissot balbutia : « Hein ! si nous allions en rencontrer ? »

M. Sauvage répondit, avec cette gouaillerie parisienne reparaissant malgré tout :

« Nous leur offririons une friture. »

Mais ils hésitaient à s'aventurer dans la campagne, intimidés par le silence de tout l'horizon.

À la fin, M. Sauvage se décida : « Allons, en route ! mais avec précaution. » Et ils descendirent dans un champ de vigne, courbés en deux, rampant, profitant des buissons pour se couvrir, l'œil inquiet, l'oreille tendue.

Une bande de terre nue restait à traverser pour gagner le bord du fleuve. Ils se mirent à courir ; et dès qu'ils eurent atteint la berge, ils se blottirent dans les roseaux secs.

Morissot colla sa joue par terre pour écouter si on ne marchait pas dans les environs. Il n'entendit rien. Ils étaient bien seuls, tout seuls.

Ils se rassurèrent et se mirent à pêcher.

En face d'eux, l'île Marante abandonnée les cachait à l'autre berge. La petite maison du restaurant était close, semblait délaissée depuis des années.

M. Sauvage prit le premier goujon. Morissot attrapa le second, et d'instant en instant ils levaient leurs lignes avec une petite bête argentée frétillant au bout du fil : une vraie pêche miraculeuse.

Ils introduisaient délicatement les poissons dans une poche de filet à mailles très serrées, qui trempait à leurs pieds. Et une joie délicieuse les pénétrait, cette joie qui vous saisit quand on retrouve un plaisir aimé dont on est privé depuis longtemps.

Le bon soleil leur coulait sa chaleur entre les épaules ; ils

balbutia : dit avec hésitation □ **si nous allions...?** : s'il arrivait que (nous en rencontrions) ?
gouaillerie : moquerie un peu vulgaire
reparaissant : se manifestant encore □ **malgré tout** : dans tous les cas □ **offririons** : donnerions □ **friture** : des poissons à frire
s'aventurer : se risquer
intimidé(s) : ayant perdu leur assurance
en route ! = partons !

courbés en deux : le dos plié □ **rampant** : avançant le ventre au sol
se couvrir : se cacher □ **oreille tendue** : à l'écoute
bande de terre : étendue pas très large □ **nu(e)** : sans végétation
dès qu'ils eurent atteint : passé antérieur d'atteindre
se blottirent : se replièrent sur eux-mêmes □ **roseau(x)** : plante marécageuse □ **colla** : appuya □ **joue** : partie du visage entre l'œil, le nez et l'oreille
bien seuls : réellement seuls
se rassurèrent : se redonnèrent confiance

berge, f. : bord d'un cours d'eau □ **close** : fermée
délaissé(e) : inhabité, abandonné (p. 68, l. 22)
goujon : petit poisson □ **attrapa** = prit (qqch. qui bougeait)
levaient : remontaient
argenté(e) : couleur d'argent □ **frétillant** : se secouant vivement
pêche miraculeuse : expression biblique
introduisaient : faisaient entrer □ **délicatement** : sans forcer
maille(s) : boucle d'un tricot ou d'un filet □ **qui trempait** : ...qui était dans l'eau
saisit : prend □ **plaisir** : activité agréable □ **privé** (de) : sans la jouissance de (à distinguer de privé ≠ public !)
coulait : versait

n'écoutaient plus rien ; ils ne pensaient plus à rien ; ils ignoraient le reste du monde ; ils pêchaient.

Mais soudain un bruit sourd qui semblait venir de sous terre fit trembler le sol. Le canon se remettait à tonner.

Morissot tourna la tête, et par-dessus la berge il aperçut, là-bas, sur la gauche, la grande silhouette du Mont-Valérien, qui portait au front une aigrette blanche, une buée de poudre qu'il venait de cracher.

Et aussitôt un second jet de fumée partit du sommet de la forteresse ; et quelques instants après une nouvelle détonation gronda.

Puis d'autres suivirent, et de moment en moment, la montagne jetait son haleine de mort, soufflait ses vapeurs laiteuses qui s'élevaient lentement dans le ciel calme, faisaient un nuage au-dessus d'elle.

M. Sauvage haussa les épaules : « Voilà qu'ils recommencent », dit-il.

Morissot, qui regardait anxieusement plonger coup sur coup la plume de son flotteur, fut pris soudain d'une colère d'homme paisible contre ces enragés qui se battaient ainsi, et il grommela : « Faut-il être stupide pour se tuer comme ça ! »

M. Sauvage reprit : « C'est pis que des bêtes. »

Et Morissot, qui venait de saisir une ablette, déclara : « Et dire que ce sera toujours ainsi tant qu'il y aura des gouvernements. »

M. Sauvage l'arrêta : « La République n'aurait pas déclaré la guerre... »

Morissot l'interrompit : « Avec les rois on a la guerre au-dehors ; avec la République on a la guerre au-dedans. »

Et tranquillement ils se mirent à discuter, débrouillant les grands problèmes politiques avec une raison saine

bruit sourd (expression) : bruit qui se lève lentement
sol : surface de la terre □ **tonner** : faire un bruit de tonnerre
tourna la tête : le Mont-Valérien est derrière eux

au front : sur le haut □ **aigrette** : ornement de plumes
poudre : explosif □ **venait de** : passé immédiat □ **cracher** : rejeter violemment le contenu de sa bouche □ **un jet** : un lancer
forteresse : le Mont-Valérien est un fort militaire
gronda : fit un long bruit grave

haleine, f. : respiration □ **soufflait ses vapeurs** : projetait ses gaz
laiteuse(s) : couleur du lait □ **s'élevaient** : montaient

haussa les épaules : fit un geste d'impuissance

plonger : s'enfoncer dans l'eau
plume (d'oiseau) □ **pris...d'une** : emporté par une
paisible : d'humeur douce et tranquille □ **se battaient** : se faisaient la guerre □ **grommela** : dit en se fâchant □ **faut-il être... !** : ce n'est pas possible d'être tellement... ! □ **pis que** : plus méchant que ; pis est un comparatif de mai □ **ablette** : poisson
dire que... : quand on pense que... □ **tant qu'il y aura...** : aussi longtemps qu'il ...(avec le futur) ; un gouvernement de Défense Nationale dirige alors la France □ **la République...** : la guerre contre la Prusse fut déclarée le 19 juillet 1870 par Napoléon III, déchu le 4 septembre par la Troisième République

discuter : débattre sérieusement □ **débrouillant** : démêlant
raison : bon sens □ **sain(e)** : en pleine santé

d'hommes doux et bornés, tombant d'accord sur ce point, qu'on ne serait jamais libres. Et le Mont-Valérien tonnait sans repos, démolissant à coups de boulet des maisons françaises, broyant des vies, écrasant des êtres, mettant fin à bien des rêves, à bien des joies attendues, à bien des bonheurs espérés, ouvrant en des cœurs de femmes, en des cœurs de filles, en des cœurs de mères, là-bas, en d'autres pays, des souffrances qui ne finiraient plus.

« C'est la vie », déclara M. Sauvage.

« Dites plutôt que c'est la mort », reprit en riant Morissot.

Mais ils tressaillirent effarés, sentant bien qu'on venait de marcher derrière eux ; et ayant tourné les yeux, ils aperçurent, debout contre leurs épaules, quatre hommes, quatre grands hommes armés et barbus, vêtus comme des domestiques en livrée et coiffés de casquettes plates, les tenant en joue au bout de leurs fusils.

Les deux lignes s'échappèrent de leurs mains et se mirent à descendre la rivière.

En quelques secondes, ils furent saisis, attachés, emportés, jetés dans une barque et passés dans l'île.

Et derrière la maison qu'ils avaient cru abandonnée, ils aperçurent une vingtaine de soldats allemands.

Une sorte de géant velu, qui fumait, à cheval sur une chaise, une grande pipe de porcelaine, leur demanda, en excellent français : « Eh bien, messieurs, avez-vous fait bonne pêche ? »

Alors un soldat déposa aux pieds de l'officier le filet plein de poissons, qu'il avait eu soin d'emporter. Le Prussien sourit : « Eh ! eh ! je vois que ça n'allait pas mal. Mais il s'agit d'autre chose. Écoutez-moi et ne vous troubliez pas.

« Pour moi, vous êtes deux espions envoyés pour me

borné(s) : étroit d'esprit □ **tombant d'accord :** se mettant finalement d'accord □ **libres :** pluriel, accord ad sensum !
démolissant : détruisant □ **à coups de boulet :** envoyant rapidement des boulets (de canon) □ **broyant, ...écrasant** (synonymes) : brisant sous un grand poids
espéré(s) : désiré

souffrance(s), f. : douleur physique ou morale

riant : participe présent de rire

tressaillirent : sursautèrent □ **effaré(s) :** apeuré □ **sentant :** ayant conscience du fait

barbu(s) : portant la barbe □ **vêtu(s) :** habillé
coiffé(s) de : portant sur la tête □ **casquette :** béret à visière
les tenant en joue : les visant, prêts à tirer
s'échappèrent : partirent toutes seules

barque : petit bateau
...cru abandonnée = ...cru (être) abandonnée
vingtaine : 20 environ (suffixe -aine : une douzaine, une centaine)
géant : homme démesurément grand □ **velu :** poilu □ **à cheval sur :** assis comme s'il était sur un cheval □ **porcelaine**, f. : céramique
français, m. (la langue) ≠ un Français

déposa aux pieds de : mit par terre près de
avait eu soin : n'avait pas oublié, avait été attentif
ça n'allait pas mal : cela marchait bien, réussissait
il s'agit : (impersonnel) il est question

guetter. Je vous prends et je vous fusille. Vous faisiez semblant de pêcher, afin de mieux dissimuler vos projets. Vous êtes tombés entre mes mains, tant pis pour vous ; c'est la guerre.

« Mais comme vous êtes sortis par les avant-postes, vous avez assurément un mot d'ordre pour rentrer. Donnez-moi ce mot d'ordre et je vous fais grâce. »

Les deux amis, livides, côte à côte, les mains agitées d'un léger tremblement nerveux, se taisaient.

L'officier reprit : « Personne ne le saura jamais, vous rentrerez paisiblement. Le secret disparaîtra avec vous. Si vous refusez, c'est la mort, et tout de suite. Choisissez. »

Ils demeuraient immobiles sans ouvrir la bouche.

Le Prussien, toujours calme, reprit en étendant la main vers la rivière : « Songez que dans cinq minutes vous serez au fond de cette eau. Dans cinq minutes ! Vous devez avoir des parents ? »

Le Mont-Valérien tonnait toujours.

Les deux pêcheurs restaient debout et silencieux. L'Allemand donna des ordres dans sa langue. Puis il changea sa chaise de place pour ne pas se trouver trop près des prisonniers ; et douze hommes vinrent se placer à vingt pas, le fusil au pied.

L'officier reprit : « Je vous donne une minute, pas deux secondes de plus. »

Puis il se leva brusquement, s'approcha des deux Français, prit Morissot sous le bras, l'entraîna plus loin, lui dit à voix basse : « Vite, ce mot d'ordre ? Votre camarade ne saura rien, j'aurai l'air de m'attendrir. »

Morissot ne répondit rien.

Le Prussien entraîna alors M. Sauvage et lui posa la même question.

guetter : observer □ **fusille :** (fais) tuer au fusil □ **faisiez semblant :** jouiez la comédie □ **dissimuler :** cacher □ **projet(s),** m. : plan
tant pis : c'est regrettable

comme : (conjonction) puisque
un mot d'ordre : une consigne donnée verbalement
vous fais grâce : épargne votre vie
livide(s) : couleur du plomb □ **agité(es) :** secoué
tremblement : vibration □ **se taisaient :** ne répondaient pas
saura : futur de savoir
disparaîtra ≠ apparaître
choisissez : décidez entre (la vie ou la mort)

étendant la main : levant le bras horizontalement
songez que : ayez présent à l'esprit que

debout : droits sur leurs pieds
l'Allemand : les Français appellent indistinctement Allemands la plupart des peuples d'origine germanique
se placer : prendre une position déterminée

brusquement : soudainement et brutalement □ **s'approcha :** vint plus près □ **l'entraîna :** le força d'aller
à voix basse : d'une voix de faible puissance
aurai l'air de : prétendrai, ferai semblant (l. 1) □ **m'attendrir :** me montrer moins dur

71

M. Sauvage ne répondit pas.

Ils se retrouvèrent côte à côte.

Et l'officier se mit à commander. Les soldats élevèrent leurs armes.

Alors le regard de Morissot tomba par hasard sur le filet plein de goujons, resté dans l'herbe, à quelques pas de lui.

Un rayon de soleil faisait briller le tas de poissons qui s'agitaient encore. Et une défaillance l'envahit.

Malgré ses efforts, ses yeux s'emplirent de larmes.

10 Il balbutia : « Adieu, monsieur Sauvage. »

M. Sauvage répondit : « Adieu, monsieur Morissot. »

Ils se serrèrent la main, secoués des pieds à la tête par d'invincibles tremblements.

L'officier cria : « Feu ! »

Les douze coups n'en firent qu'un.

M. Sauvage tomba d'un bloc sur le nez. Morissot, plus grand, oscilla, pivota et s'abattit en travers sur son camarade, le visage au ciel, tandis que des bouillons de sang s'échappaient de sa tunique crevée à la poitrine.

20 L'Allemand donna de nouveaux ordres.

Ses hommes se dispersèrent, puis revinrent avec des cordes et des pierres qu'ils attachèrent aux pieds des deux morts ; puis ils les portèrent sur la berge.

Le Mont-Valérien ne cessait pas de gronder, coiffé maintenant d'une montagne de fumée.

Deux soldats prirent Morissot par la tête et par les jambes ; deux autres saisirent M. Sauvage de la même façon. Les corps, un instant balancés avec force, furent lancés au loin, décrivirent une courbe, puis plongèrent, debout, dans
30 le fleuve, les pierres entraînant les pieds d'abord.

L'eau rejaillit, bouillonna, frissonna puis se calma, tandis que de toutes petites vagues s'en venaient jusqu'aux rives.

élevèrent ≠ baissèrent

le regard...tomba...sur: (il) vit involontairement □ **par hasard**: d'une manière accidentelle □ **herbe**, f.: plante à ras du sol
briller: donner une vive lumière □ **tas**: paquet, amas
défaillance: faiblesse momentanée □ **envahit**: pénétra
s'emplirent: devinrent pleins □ **larmes**, f.: pleurs
adieu: mot utilisé si on sait qu'il n'y aura pas d'au revoir

secoué(s): remué d'une manière répétée

d'un bloc: d'un seul mouvement
oscilla: balança □ **pivota**: tourna sur lui-même □ **s'abattit en travers**: tomba perpendiculairement □ **bouillon(s)**, m.: bulle de l'eau bouillante □ **tunique**: veste d'uniforme □ **crevé(e)**: troué

ne cessait pas de gronder: grondait toujours □ **coiffé**: ayant au-dessus de lui

balancé(s): agité dans un mouvement de balançoire
décrivirent: tracèrent, dessinèrent (dans l'air) □ **courbe** ≠ ligne droite
rejaillit: bondit avec force □ **bouillonna**: fit des bouillons (l. 18)
vague(s): ondulation, en particulier de la mer

Un peu de sang flottait.

L'officier, toujours serein, dit à mi-voix : « C'est le tour des poissons maintenant. »

Puis il revint vers la maison.

Et soudain il aperçut le filet aux goujons dans l'herbe. Il le ramassa, l'examina, sourit, cria : « Wilhem ! »

Un soldat accourut, en tablier blanc. Et le Prussien, lui jetant la pêche des deux fusillés, commanda : « Fais-moi frire tout de suite ces petits animaux-là pendant qu'ils sont encore vivants. Ce sera délicieux. »

Puis il se remit à fumer sa pipe.

serein : l'esprit tranquille ou l'âme heureuse

ramassa : prit par terre □ **cria :** dit énergiquement
accourut : vint en courant □ **tablier :** vêtement de protection

frire : cuire dans l'huile □ **tout de suite :** immédiatement

Grammar throughout the Stories

Give the French version of the following sentences translated from the original text. (The first number refers to the page, the second to the line):

M. Morissot, *a clockmaker* by trade and *a stay-at-home* now and then (absence of article before noun in apposition, 58 - 7).

Morissot used to leave at the crack of dawn, a bamboo rod *in* one hand, a tin canister on *his back* (preposition; definite article for part of body, 58 - 11).

I know of *nothing better* (*rien* + adjective, 60 - 1).

What a sight! (absence of article in exclamation, 60 - 9).

And they went into another *wine merchant's shop* (60 - 28).

What if we went there? (62 - 2).

They had never seen *any of them* but they *had felt* them there for months around Paris (partitive value of pronoun *en*; verb tense with *depuis* for action still in progress, 62 - 26).

But suddenly a thud which seemed to come from beneath the ground *made the earth shake* (word order with *faire*, 66 - 3).

There they go again (66 - 16).

And to think that it will always be so, *as long as there are* governments (future tense replaces present in subordinate clause of time, 66 - 24).

Coming to agreement on this point, that *men would never be free* (*on* as subject of verb in general statement with plural of following adjective, 68 - 1).

Nobody will *ever* know about it (double negative, 70 - 10).

Despite his efforts, his eyes *filled* with tears (reflexive verb, 72 - 9).

The Mont-Valérien did not stop *rumbling*, capped now with a mountain of smoke (gerund replaced by infinitive, 72 - 24).

Have these little creatures fried for me immediately while they are still alive (faire + active infinitive rendering passive construction with *have*, 74 - 8).

LA PANNE

Jean Fougère (1914-)

Originaire d'une petite ville du centre de la France, Jean Fougère a commencé à écrire et à publier dès avant la guerre. Son œuvre comporte une vingtaine de titres et a été très souvent distinguée par d'importants prix : le prix Courteline en 1944 pour *Les Bovidés,* le prix de l'Humour noir en 1966 pour *Les Nouveaux Bovidés,* le grand prix de la Société des Gens de Lettres en 1968, le grand prix de la nouvelle de l'Académie Française en 1972, le prix des Quatre Jurys en 1976.

Dans *La Panne*, on saisit dès le début la veine humoristique de l'auteur, dans sa manière de raconter un « banal incident » de route, comme tout automobiliste doit en faire l'expérience. L'humour de Jean Fougère se nourrit un peu de dérision, juste ce qu'il faut de sarcasme et beaucoup de tendresse humaine.

Un couple donc se trouve en panne au bord d'une route ; naturellement Georges est furieux, mais sa femme Hélène découvre au contraire dans ce contretemps l'occasion d'éprouver au plus profond d'elle-même « une sorte de sympathie » avec le monde et la vie. Ces heures, qui, pour lui, sont perdues de façon absurde pendant qu'on cherche à réparer la voiture, ont, à l'inverse, une raison d'être pour elle, un sens révélateur.

« Tu vois, disait-elle gaiement, tu as eu raison de m'emmener dans ta tournée d'inspection. Je te porte chance. Pas le moindre ennui depuis notre départ. »

Venant de Normandie où ils avaient vu plusieurs représentants de la marque, ils s'étaient arrêtés à Chartres, avaient déjeuné au Grand Monarque et filaient maintenant droit vers le sud, en direction de Châteaudun.

Mais la phrase optimiste que la jeune femme avait lancée vers son mari sembla modifier radicalement le cours des choses. La voiture, qui gravissait au moment de cette remarque une côte assez longue, ralentit soudain. Le moteur eut quelques ratés, puis cala. Ils roulèrent encore une vingtaine de mètres avant de se ranger sur le côté de la route.

« Une autre fois, dit-il, tu feras bien de surveiller tes paroles. » Et il la regarda d'un air si comiquement navré qu'elle éclata de rire. La bonne humeur de sa femme le fit sourire à son tour. La situation lui parut moins dramatique que cocasse. Il essaya tout de même de la modifier rapidement en allant lever le capot. Après avoir tripoté deux ou trois choses, il cria : « Mets le contact ! » Ce qu'elle fit sans résultat. Il recommença ses manipulations, redemanda le contact pour arriver à la conclusion que l'essence ne venait plus, qu'il n'avait pas envie de démonter ce fourbi et qu'il allait chercher un mécanicien, là-bas. Elle se souleva légèrement en tournant la tête derrière elle, dans la direction qu'il avait montrée, et aperçut à sept ou huit cents mètres le village qu'ils venaient de traverser rapidement, sans y faire attention. Bon, elle allait rester ici, mais, de grâce, qu'il ne la laisse pas se morfondre des heures. Elle se retourna encore une

as eu raison: as bien fait (≠ as eu tort)
emmener: prendre avec toi □ **tournée**: visites professionnelles
chance: bonne chance □ **moindre**: plus petit □ **ennui**: difficulté
plusieurs: un certain nombre de
représentant(s): vendeur régional □ **marque**: firme □ **s'étaient arrêtés**: avaient fait une halte □ **filaient**: allaient vite
Châteaudun: 40 km au sud de Chartres (Chartres: 100 km au sud-ouest de Paris)

lancé(e) vers: adressé à □ **sembla** = parut (l. 19)
voiture: automobile □ **gravissait**: montait avec effort
côte: route qui monte fortement □ **ralentit**: alla moins vite
raté(s): bruit violent □ **cala**: se bloqua
roulèrent: avancèrent
se ranger: se placer sur le bord pour laisser le passage □ **côté**: limite extérieure, bord (le côté ≠ la côte!) □ **feras bien de...**: agiras bien si tu... □ **surveiller**: contrôler □ **parole(s), f.**: mot □
navré: peiné □ **éclata de rire**: rit brusquement très fort
sourire: montrer sa joie avec ses lèvres □ **parut**: apparut
dramatique: sérieuse □ **cocasse**: drôle □ **essaya**: tenta □ **tout de même**: cependant □ **lever**: ouvrir vers le haut □ **capot**: partie qui protège le moteur □ **tripoté**: manipulé □ **mets le contact**: mets (impératif de mettre) le courant

essence, f.: pétrole raffiné □ **avait...envie**: désirait
démonter: enlever pièce par pièce □ **fourbi**: bazar □ **chercher**: essayer de trouver □ **se souleva**: se haussa un petit peu

aperçut: vit momentanément
venaient de traverser: ils avaient traversé juste auparavant
bon: d'accord □ **Bon...heures**: style indirect □ **de grâce**: par pitié □ **se morfondre**: attendre en s'ennuyant

fois pour le regarder s'éloigner. Tête nue, il marchait au milieu de la route à grandes enjambées consciencieuses, avec sa façon touchante de tanguer des épaules, et sa veste de sport, déboutonnée, flottait autour de lui. Elle décida d'attendre les événements sans s'énerver. La capote baissée lui permit un rapide et superficiel examen des lieux : partout des champs que son ignorance de citadine l'empêcha de qualifier exactement et où le printemps n'avait pas eu le loisir de faire pousser grand-chose. Elle découvrit cependant au loin un groupe de petits arbres couverts d'une mousse de fleurs blanches ou roses. Près de la voiture, au bord de la route, se trouvait une masure d'aspect insignifiant, qui semblait abandonnée.

La jeune femme étendit les jambes et s'enfonça davantage dans son siège comme si elle voulait adopter une position propice au sommeil. Elle renversa la tête en arrière pour l'appuyer sur le dossier, mais son chapeau — un feutre de voyage, net et sans ornement — la gênait, et, s'étant décoiffée d'un geste vif, elle le lança par-dessus son épaule sur la banquette arrière. Alors, elle put abandonner sa nuque, et elle sentit à travers ses cheveux que le soleil avait déjà eu le temps de chauffer le cuir. Immobile, exposée en pleine lumière, elle laissa cette chaleur gagner sa peau, la pénétrer, avec une vague reconnaissance, une sorte de sympathie pour ce qui l'entourait, pour le ciel immense surtout qui caressait si tièdement la terre et vers lequel elle avait les yeux levés. Ainsi, il avait fallu un banal incident pour l'obliger à connaître ce ciel. Son extraordinaire profondeur était accentuée par les rares petits nuages qui le parcouraient mollement et qui ressemblaient aux arbres mousseux —

s'éloigner: prendre de la distance ☐ **tête nue**: sans chapeau
enjambée: espace franchi avec les jambes
façon: manière ☐ **tanguer**: remuer (navire) ☐ **épaule(s)**: haut du bras ☐ **veste**: vêtement porté sur la chemise ☐ **dé-**: suffixe négatif (**décoiffée**, l. 20) ☐ **s'énerver**: s'impatienter
capote: toit mobile d'une auto ☐ **baissé(e)**: ouvert
lieu(x): endroit ☐ **partout**: de tous côtés ☐ **champ(s)**: terrain cultivé ☐ **citadin(e)**: habitant d'une ville ☐ **empêcha**: rendit incapable ☐ **loisir**: possibilité ☐ **pousser**: croître ☐ **grand-chose**: beaucoup ☐ **découvrit**: remarqua ☐ **au loin**: à distance
mousse de fleurs...: fleurs si nombreuses qu'elles forment comme de la mousse
masure: maison misérable

étendit: allongea ☐ **s'enfonça**: entra profondément
davantage: encore plus ☐ **siège**: objet pour s'asseoir
propice au sommeil: favorable pour dormir ☐ **renversa**: inclina
appuyer: placer ☐ **dossier**: partie droite du siège
feutre = chapeau de feutre (étoffe non tissée) ☐ **net**: propre
gênait: embarrassait ☐ **s'étant décoiffée**: ayant ôté son chapeau
banquette: siège sur toute la largeur de la voiture
nuque: arrière du cou ☐ **sentit**: eut la sensation
chauffer: rendre chaud
cuir: revêtement du siège, en peau d'animal ☐ **en plein(e)**: dans le milieu ☐ **gagner**: atteindre ☐ **peau**: enveloppe du corps
reconnaissance: gratitude
ciel: espace qui entoure la terre ☐ **surtout**: principalement
tiède(ment): faiblement chaud
il avait fallu...: avait été nécessaire

les nuages apportent de la pluie ☐ **parcouraient**: traversaient
mollement: sans énergie

des pommiers ou peut-être des poiriers — flottant eux aussi au-dessus du verger lointain.

Elle entendit derrière elle le bruit d'un moteur. Une voiture d'aspect singulier dépassa la sienne et vint s'arrêter inexplicablement à quelques mètres devant elle. Quand elle en vit descendre Georges et un ouvrier en salopette bleue, elle se souvint qu'ils étaient en panne et se demanda si elle n'avait pas dormi. La voix forte de son mari acheva d'éclairer la situation : « Tu vois, nous n'avons pas été longs. » Le mécanicien sourit en même temps à cette jolie personne qu'il était promptement venu sortir d'embarras. Elle se redressa et tira vivement sa jupe qui découvrait les genoux. Les deux hommes s'absorbèrent dans la contemplation silencieuse du moteur. Puis ils engagèrent un dialogue technique au cours duquel plusieurs outils furent extraits de la salopette, exposés au creux de l'aile comme des pièces à conviction et essayés tour à tour sans succès apparent. Cela venait probablement de la pompe à essence dont il faudrait changer la membrane. Voilà quelle fut la conclusion du mécanicien qui préférait, ajouta-t-il, remorquer la voiture jusqu'au garage. En déroulant un câble d'acier pour l'accrocher à l'avant, il expliqua qu'il suffirait de freiner légèrement dans la descente et qu'ensuite ça irait tout seul. Pendant qu'il achevait ses préparatifs, Georges sauta le fossé et s'approcha de la maison abandonnée afin de lire l'inscription d'une plaque de marbre, scellée dans le mur. Il revint en faisant d'une voix distraite la constatation qu'on s'était battu par ici, et reprit sa place au volant.

Un peu plus tard, quand ils eurent manœuvré pour retourner au village et que l'opération de remorquage se

pommier(s), poirier(s) : arbres fruitiers (pomme, poire)
au-dessus du : plus haut que le □ **verger** : plantation d'arbres fruitiers □ **bruit** ≠ silence
dépassa : passa devant

ouvrier : qqn. qui travaille avec ses mains
salopette : vêtement d'ouvrier □ **souvint** : rappela □ **en panne** : en arrêt à cause d'un incident mécanique □ **se demanda** : voulut savoir □ **éclairer** : clarifier

se redresser : se remit assise □ **tira** : allongea
jupe : vêtement de femme □ **découvrait...** : laissait visibles **les genoux** (milieu de la jambe)
engagèrent : commencèrent
outil(s) : objet utilisé pour réparer (marteau, pince, clef...)
creux : cavité □ **aile, f.** : partie protégeant la roue □ **pièce(s) à conviction** : objet servant de preuve juridique □ **essayés tour à tour** : utilisés l'un après l'autre
membrane : disque fin

remorquer : tirer avec un câble □ **déroulant** : étendant
acier, m. : métal (fer + charbon) □ **accrocher** : attacher à un crochet □ **freiner** : ralentir à l'aide du frein
ça irait tout seul : il n'y aurait aucune difficulté
sauta : s'élança par-dessus □ **fossé** : tranchée
afin de : pour
scellé(e) : fixé
distrait(e) : indifférent □ **constatation** : observation □ **on s'était battu** : il y avait eu une bataille □ **volant** : pièce qui commande la direction
remorquage, m. : action de remorquer

fut déroulée normalement, il dit : « Le type n'a pas l'air très malin. Je me demande s'il s'en tirera... N'importe comment, j'ai l'impression qu'on va languir un bon moment dans ce bled. — Pourvu que le mal de gorge de Rico ne se soit pas aggravé... », murmura-t-elle, bien que cela n'eût pas de lien apparent avec leur panne. Elle n'était pas d'un caractère tourmenté. Cependant, quand quelque chose allait de travers, elle pensait aussitôt à ses enfants.

Ayant laissé la voiture au garage, ils décidèrent d'attendre dans un café. Les longues files de maisons qui s'étendaient de chaque côté de la route ne formaient pas un village. C'était plutôt comme un faubourg lointain de Chartres, avec des maisons basses, et çà et là une devanture terne d'épicerie de campagne. Deux enfants couraient l'un après l'autre. On entendait quelqu'un frapper régulièrement une pièce de métal dans un atelier voisin. Ils se dirigèrent vers le café le plus proche. C'était l'heure creuse. Il n'y avait personne. Un chat dormait sur le comptoir. Le patron apparut au bout de quelques instants, comme à regret, en traînant les jambes. Ils commandèrent n'importe quoi pour justifier leur présence. Pendant qu'il les servait, elle avait tiré un poudrier de son sac et vérifiait son maquillage, machinalement. Elle était engourdie, un peu dolente, comme si on l'eût enveloppée dans une couche épaisse de coton, et les bruits ne lui parvenaient qu'assourdis. Peut-être la fatigue du voyage. Ou plutôt cet arrêt brusque dans leur course, qui donnait naissance à deux Hélène, l'une entortillée de coton au point qu'elle n'avait pas le courage de goûter le verre posé devant elle, l'autre vive et légère, et assez détachée pour dire des phrases de ce

se fut déroulé(e): se fut passé □ **type**: individu (fam.)
malin: intelligent □ **s'en tirera**: réussira □ **n'importe comment**: de toute façon □ **languir**: user notre patience
bled: village sans caractère □ **pourvu** = souhaitons □ **gorge**: fond de la bouche □ **aggravé**: devenu plus grave
lien: connexion

de travers = mal □ **aussitôt**: immédiatement

file(s): rangée, suite
s'étendaient: s'allongeaient
plutôt: pour mieux dire □ **faubourg**: petite ville à l'extérieur d'une grande □ **bas(ses)** ≠ haut □ **ça et là**: sporadiquement
devanture: vitrine □ **terne**: incolore □ **épicerie**: petit magasin d'alimentation □ **couraient**: faisaient la course
frapper: taper sur □ **atelier**: local où travaillent des ouvriers
voisin ≠ distant □ **se dirigèrent**: allèrent □ **proche** ≠ lointain
heure creuse: période sans activité
comptoir: on y boit debout □ **patron**: propriétaire □ **au bout de**: après □ **comme** (si c'était) **à...** □ **traînant les jambes**: marchant lentement exprès □ **n'importe quoi**: une chose quelconque
poudrier: boîte à poudre □ **sac** (à main) □ **maquillage**: coloris artificiel du visage □ **engourdi(e)**: inactif □ **dolent(e)**: souffrant
couche: substance protectrice □ **épais(se)** ≠ mince
parvenaient: venaient de loin □ **assourdi(s)**: moins sonore
arrêt: halte
naissance ≠ mort
entortillé(e): enveloppé
goûter: boire un peu, pour voir si c'est bon

genre :

« Madame a trois beaux enfants en bonne santé, un bon mari qui a une bonne situation, etc. », et poussant la malice jusqu'à s'en aller vagabonder là-bas, sur la route pleine de soleil.

Mais les deux Hélène ne tardèrent pas à se fondre, ressoudées par la voix forte de Georges, d'autant plus forte qu'elle devait éliminer la concurrence du poste de radio, mis en marche depuis un instant par le patron. Ce dernier répondait placidement aux questions qu'on lui posait. Son interlocuteur s'intéressait à tout. Il désirait non seulement savoir le nombre d'habitants, les ressources du pays, la marche des affaires, mais sa curiosité s'étendait jusqu'à la contenance du percolateur, jusqu'au sexe du chat. Il voulait vérifier les choses dont il parlait. La force de sympathie qui était en lui le faisait tourner autour du billard à la recherche de nouveaux objets qu'il pût tripoter. Il se passionna longuement pour l'appareil à sous. Malgré cela, il ne cessait pas d'être un bon mari. Il se rapprocha plusieurs fois de sa femme pour lui faire remarquer qu'elle avait l'air absente et savoir si elle n'était pas fatiguée. Elle convint que l'obscurité, la mauvaise odeur du café lui déplaisaient et qu'elle avait hâte de reprendre la route. Il décida d'aller voir où en était la réparation et revint peu après, avec une mine réjouie, annoncer que c'était presque fini et qu'ils pouvaient déjà se diriger vers le garage. Il se montrait optimiste, car ils attendirent encore une bonne demi-heure avant de pouvoir repartir.

« Il a été très raisonnable », dit-il en démarrant. La voiture dépassa rapidement la ligne des maisons, atteignit bientôt la côte qu'elle semblait devoir monter

santé: condition physique satisfaisante

malice: moquerie

tardèrent: furent longues □ **se fondre**: s'unir par fusion
ressoudé(es): réuni (souder: assembler deux pièces de métal)
concurrence: rivalité □ **poste**: appareil
mis en marche: ouvert □ **ce dernier** = celui-ci (le patron)

posait: faisait

marche: conduite
contenance: capacité

pût: subjonctif imparfait de pouvoir □ **tripoter**: manipuler nerveusement □ **appareil à sous**: machine pour jouer avec de petites pièces de monnaie □ **se rapprocha**: vint plus près

convint: admit, reconnut
café: (ici) l'établissement
reprendre: être à nouveau sur
mine: physionomie
réjoui(e): content

très raisonnable: pas cher □ **démarrant**: mettant en marche la voiture
atteignit: arriva à □ **bientôt**: en peu de temps

sans peine. Mais à mi-hauteur, exactement à l'endroit où ils avaient eu leur première panne, devant la demeure abandonnée, le moteur faiblit et s'arrêta. Georges prit la chose très mal. Le mécanicien était un imbécile. Il l'avait jugé au premier coup d'œil : un imbécile et un incapable, voilà ce qu'il était. Une heure, il avait passé une heure sur la pompe, et pourquoi ? Pour arriver au même résultat qu'avant. D'abord, il s'était fourré le doigt dans l'œil. Ce n'était pas la pompe. N'importe quel ouvrier
10 connaissant son métier aurait vu ça tout de suite. La panne venait d'ailleurs, mais d'où ? Il descendit sur la route. Après avoir un peu usé sa colère contre le mécanicien, il la retourna contre la voiture qu'il regarda d'un œil méchant. Qu'est-ce qu'elle pouvait bien avoir dans le ventre, cette sacrée bagnole ? Le plongeon qu'il fit sous le capot ne lui donna pas de réponse satisfaisante. C'était une voiture d'occasion, voilà tout, avec des vices cachés qui l'empêchaient de monter les côtes, et qui, une autre fois, la mettraient en feu ou
20 l'enverraient dans un arbre. Il se redressa du côté de sa femme, et elle se demanda s'il n'allait pas trouver le moyen d'orienter son indignation vers elle. Mais c'était véritablement un bon mari, car ce qui lui restait de colère — à vrai dire assez peu — ne fut employé que contre lui seul. Une jolie sottise qu'il avait faite d'aller acheter cette voiture d'occasion quand tout le monde l'en dissuadait. Quel fichu crétin avait-il été de s'obstiner sur celle-ci sous prétexte que c'était une décapotable et que la couleur verte lui plaisait. Un vrai ballot... Ici, il
30 arrêta net sa confession. Il avait réussi à remettre le moteur en marche, d'une manière un peu désordonnée et

mi-: à la moitié de (mi-temps) ☐ **hauteur,** f.: élévation
demeure: habitation
faiblit: perdit sa force ☐ **s'arrêta**: cessa de marcher ☐ **prit la chose très mal**: se mit en colère ☐ **était** = Georges disait qu'il était (style indirect jusqu'à l. 20) ☐ **coup d'œil**: regard

...fourré le doigt dans l'œil = trompé entièrement (fam.)

métier: profession ☐ **tout de suite**: immédiatement

retourna contre: fit porter sur
avoir dans le ventre: cacher en elle
sacré(e): terrible ☐ **bagnole**: auto ☐ **plongeon**: saut dans l'eau; ici disparition soudaine
d'occasion: achetée pas neuve
caché(s): invisible ☐ **l'empêchaient**: lui rendaient impossible

enverraient: (envoyer) projeteraient ☐ **se redressa**: se remit debout ☐ **trouver le moyen d'**: inventer qqch. pour
orienter: diriger

joli(e) = horrible (ici par antiphrase!) ☐ **sottise**: stupidité

fichu: insupportable ☐ **crétin**: débile mental
décapotable: auto avec toit pliant
ballot: ignorant et stupide
net: tout d'un coup ☐ **réussi à**: eu du succès pour

qui n'augurait rien de bon.

« Il va falloir retourner au garage », dit-il sinistrement. Elle ouvrit la portière. « Je vais t'attendre au soleil; tu me prendras en repassant. » Il hocha la tête et démarra non sans peine pour aller changer la voiture de sens dans un chemin voisin. Elle le regarda ensuite s'éloigner avec de petites secousses ridicules et des pétarades qui s'accrurent tellement au bas de la côte qu'elle se demanda s'il irait jusqu'au village. Sans qu'elle sût expliquer pourquoi, cette nouvelle panne ne l'avait pas surprise. La voiture avait emporté son sac et son chapeau. Aucune importance. Elle n'avait besoin ni de l'un ni de l'autre. Elle se trouvait très à l'aise sur cette route, les cheveux et les mains libres, avec, dans la poche supérieure de son tailleur, un mouchoir dont le parfum ressemblait à celui des champs. Après un moment d'indécision devant tant d'espace, elle fit quelques pas et s'assit au bord du talus. Elle aurait pu aller beaucoup plus loin, profiter de ces courtes vacances que lui donnait la panne pour faire une vraie promenade et s'enfoncer dans la campagne. La tête de Georges s'il ne la retrouvait pas tout à l'heure. Mais elle n'avait aucune envie de lui faire de la peine. C'était aussi des vacances en restant sur le talus. Elle n'avait pas besoin d'employer ses forces pour se sentir pleine de santé. Comme tout à l'heure dans la voiture, elle s'étendit, et le soleil lui dispensa de nouveau un engourdissement bienheureux. Quelle merveilleuse journée, l'une des plus belles qu'elle ait connues ! L'herbe sous elle était tiède, caressante, et elle sentait bon. À côté de sa tête se dressait une touffe qu'elle arracha et garda entre ses doigts : des fleurs

portière: porte d'une auto
me prendras: me feras monter dans l'auto □ **hocha la tête**: approuva par un signe de la tête □ **sens, m.**: direction
chemin: route en terre
secousse(s): tremblement brusque □ **pétarade(s), f.**: explosion de pétards (jouets qui éclatent) □ **s'accrurent**: augmentèrent
sût: subjonctif imparfait de savoir

avait besoin de: voulait utiliser

supérieure: la plus haute □ **tailleur**: costume □ **mouchoir**: petit morceau de tissu pour s'essuyer le nez

talus: terrain en pente, bord de ce terrain
court(es) ≠ long □ **vacances**: période où on cesse de travailler

la tête de Georges si... = quelle tête ferait Georges si...! = Georges serait de mauvaise humeur
envie: désir □ **peine**: souffrance morale

plein(e) ≠ vide □ **tout à l'heure**: peu de temps auparavant
s'étendit: s'allongea
engourdissement: impression de paralysie □ **bienheureux**: qui rend heureux, béni

touffe: bouquet d'herbes
arracha: enleva en tirant □ **garda**: conserva

blanches dont elle ignorait le nom, banales et pourtant belles comme toutes les fleurs. Son regard se perdit encore dans le ciel, puis il revint se poser sur les fleurs, et elle pensa à elle-même, à sa personne qu'elle savait jolie, avec une humilité cependant très grande. Elle ne s'était jamais sentie aussi proche de ce monde immense dont les champs lui faisaient entendre la rumeur. Ce n'était pas un monde hostile. Il lui donnait seulement avec une dignité imposante le sentiment de sa petitesse.
10 Mais elle n'était pas de trop; elle ne dérangeait aucun ordre. Au contraire, il était heureux que le hasard les eût arrêtés en cet endroit, car l'utilité de sa présence lui apparaissait confusément dans son accord avec le ciel, la plaine et les fleurs qu'elle tenait dans sa main. Cette route ne lui voulait aucun mal. Elle était rude, voilà tout, et il n'eût pas été naturel de la monter sans effort. Il fallait que l'on pût prendre le temps de regarder à droite et à gauche. Tout ce qui s'offrait à la vue sous le soleil caressant était fait pour donner confiance. Elle
20 resta longtemps immobile, avec des pensées indécises, légères comme les petits nuages blancs, comme les fleurs des pommiers lointains, et son inquiétude au sujet de ses enfants l'avait abandonnée.

Quand elle entendit la voiture qui remontait la côte, elle se leva pour la voir venir. Elle s'approcha ainsi de la maison abandonnée et lut l'inscription qui avait été gravée dans le marbre de la plaque : « Ici est mort pour la libération de Chartres le sous-lieutenant Robert Fontant. »

30 La voiture était maintenant arrêtée devant elle, et Georges lui faisait signe. « Cette fois, je crois que ça

pensa à : réfléchit sur

senti(e) : connu □ **monde :** la terre et le ciel
rumeur : bruit confus des voix

petitesse : état de ce qui est petit
dérangeait : troublait

accord, m. : entente

ne lui voulait aucun mal : ne la menaçait pas □ **rude :** difficile

s'offrait à la vue : était sous les yeux
donner confiance : rassurer
indécis(es) : vague
légères ≠ lourdes
inquiétude, f. : anxiété □ **au sujet de :** pour

remontait : parcourait à nouveau en partant du bas

lut : passé simple de lire
gravé(e) : taillé
sous-lieutenant : premier grade des officiers, dans l'armée

marche », cria-t-il joyeusement. Avant de rejoindre son mari, elle tourna vers la plaque un visage sérieux et elle regarda aussi du côté de la flèche de pierre qui se dressait au loin dans la transparence du ciel. Les mots qui lui vinrent aux lèvres l'étonnèrent par leur étrangeté. « Robert, murmura-t-elle très doucement, pourquoi nous avez-vous retenus ? » Tout était calme et ensoleillé. Une petite brise tiède faisait frémir imperceptiblement l'herbe du talus, juste assez pour porter avec légèreté les graines
10 donneuses de vie.

« Aurais-tu l'intention de rester là ? » demanda Georges d'un ton plaisant, et il tira plusieurs fois du moteur des ronflements prolongés afin de prouver que tout allait bien. Elle monta en hâte et la voiture partit.

« La sale côte, dit-il, j'ai cru que nous n'allions jamais en sortir. Il a fallu nettoyer la conduite d'essence à l'air comprimé. Des crasses devaient se promener dedans. Ça explique que nous soyons tombés en panne deux fois au même endroit ; à un certain degré d'inclinaison, l'essence
20 n'arrivait plus. Nous aurons vite fait maintenant d'être à Châteaudun. »

Elle ne trouva rien à répondre. Quand ils arrivèrent en haut de la côte, elle se retourna, mais ils dévalaient déjà l'autre versant avant qu'elle ait pu revoir la masure.

Elle resta quelque temps silencieuse, puis :

« Tu sais, ce garçon dont je t'avais parlé quand nous nous sommes connus... Je me demandais ce qu'il était devenu.

— Qui ça ? fit-il distraitement.
30 — Tu ne te souviens pas ? Tu en étais jaloux à l'époque. Une aventure innocente pourtant, mon premier

cria: dit d'une voix forte
visage: face
flèche de pierre: structure très haute au-dessus d'un clocher
dressait: tenait droit (c'est la cathédrale de Chartres)
...qui lui vinrent aux lèvres: qu'elle prononça malgré elle

retenu(s): gardé un moment avec vous □ **ensoleillé**: rempli de soleil □ **frémir**: s'agiter
graine(s), f.: particule de reproduction d'une plante
donneuse(s): celle qui donnne (m. donneur)

tira: réussit à obtenir
ronflement(s): respiration bruyante de qqn. qui dort

sale = méchant(e), (fam.) □ **cru**: participe passé de croire
nettoyer: rendre propre □ **conduite**: tuyau □ **air comprimé**: air sous pression □ **crasse(s)**, f.: saletés métalliques
nous soyons tombés: nous nous soyons trouvés soudainement
inclinaison, f.: pente
aurons vite fait d'être: ne serons pas longs pour être

dévalaient: descendaient très vite
versant, m.: flanc d'une montagne ou d'une colline
silencieuse: sans parler

ce qu'il était devenu: ce qui lui était arrivé

qui ça?: de qui parles-tu? □ **fit-il**: dit-il
souviens: rappelles
aventure: (ici) passion

amour, à seize ans. »

Elle avait forcé un peu le ton en souriant pour dire ces derniers mots. Il tourna la tête et vit qu'elle était émue.

« Oui, je me souviens... Alors ?
— La plaque, tout à l'heure, c'était lui. »

le ton: le timbre de sa voix

ému: troublé

Grammar throughout the Stories

Give the French version of the following sentences translated from the original text. (The first number refers to the page, the second to the line):

After fiddling with **two or three things, he called out, "Turn on the engine!"** (perfect infinitive replaces gerund, 78 - 21).

The village they *had just driven* rapidly through, without *paying attention to it* (immediate past; infinitive replaces gerund; pronominal use of y, 78 - 29).

It had taken **a commonplace incident to compel her to get to know this sky** (*falloir*, 80 - 29).

They **too floating above the distant orchard** (emphatic use of disjunctive personal pronoun, 82 - 1).

Uncoiling **a steel cable so as to hook it onto the front, he explained that...** (*en* + gerund for action simultaneous with main verb, 82 - 22).

"*So long as* Rico's sore throat *hasn't got any worse*", she *murmured* (subjunctive after *pourvu que*; inversion of verb of saying after direct speech, 84 - 4).

Two children were running *after each other* (84 -15).

George's loud voice, *all the louder because* it had to drown the competition of the radio set (86 - 7).

A fool and inefficient, *that was what* he was (relative pronoun with *ce*, 88 - 5).

Any **workman who knew his job would have seen that immediately** (88 - 9).

She wondered whether he *wasn't going to find* some way of turning his indignation on her (immediate future, 88 - 21).

What a wonderful day,* one of the most beautiful she *had ever known! (exclamation; subjunctive after superlative; agreement of past participle, 90 - 28).

A light lukewarm breeze *made the grass on the bank quiver imperceptibly* (word order with causative verb *faire*, 94 - 7).

That explains *(why) we broke down* twice in the same spot (subjunctive expressing uncertainty, 94 - 18).

MA DROGUE À MOI

Pierre Boulle (1912-)

Vers l'âge de trente-six ans, Pierre Boulle devient homme de lettres et commence à publier; bientôt ses romans *Le Pont de la rivière Kwaï* (1959) et *La Planète des singes* (1963) lui vaudront, à travers le cinéma, une renommée mondiale. On peut citer également *L'Epreuve des hommes blancs, E = mc 2, La Baleine des Malouines* (grand prix de la Mer 1984), et un recueil de nouvelles *Quia absurdum* (1970).

Il est né en Avignon, où il fait ses études secondaires et vient ensuite poursuivre à Paris des études scientifiques de haut niveau. Ayant obtenu un diplôme d'ingénieur de l'Ecole Supérieure d'Electricité, il part travailler dans des exploitations de caoutchouc en Malaisie. Pendant la seconde guerre mondiale, il est mobilisé en Indochine, puis entre dans la résistance et se bat en Birmanie contre les Japonais.

Ces expériences accumulées fournissent souvent le décor, l'intrigue et les personnages de ses œuvres. Mais on doit y reconnaître aussi l'impact d'une réflexion personnelle et d'une méditation morale très poussées. Dans *Ma drogue à moi,* pages d'une tension extrême, la fascination de l'autodestruction repose sur un jeu d'écriture intransigeant.

Je suis intoxiquée au dernier degré. C'est peut-être un vice, mais le supplice que j'ai enduré ici-bas ces derniers mois m'incite à considérer l'Enfer comme une délivrance. Ses flammes seraient pour moi une douce caresse, en comparaison des tortures que le manque m'a infligées sur cette terre.

Car il s'agit de *manque*, comme on dit, ou de privation de ma drogue essentielle, qui me rendait supportable l'existence en ce monde barbare. Seuls, je crois, des êtres comme Henri peuvent me comprendre et me prendre en pitié. Henri est mon ami. Je partage sa vie depuis plusieurs années, ses joies comme ses peines. Aucun couple n'a jamais connu une entente aussi parfaite que la nôtre. Notre amour a toujours été sans nuages, même au sein des pires épreuves. Au contraire, celles-ci nous ont encore rapprochés. Henri est un drogué, lui aussi, mais nos poisons sont différents. Il s'adonne, lui, à l'héroïne, qu'il injecte chaque jour dans son corps sous forme de piqûres. Ma drogue à moi, c'est la boisson. C'est à longues gorgées impatientes que j'absorbe le liquide bienfaisant.

... Qu'il *injectait* chaque jour, hélas! Que *j'absorbais*, hélas! hélas! Car nous sommes tous deux aujourd'hui dans le même état d'abominable frustration. Les ressources d'Henri ne lui permettent plus d'acheter ses doses quotidiennes. Ses fournisseurs ne vendent plus que quelques grammes d'un produit falsifié, à un prix bien supérieur à celui de l'or. Il n'est pas davantage en mesure de me procurer ma drogue à moi, devenue également trop chère, comme il le faisait autrefois avec une générosité qui entretenait mon attachement et mon amour pour lui.

dernier ≠ premier □ **peut-être** : probablement
supplice : torture □ **ici-bas** = sur cette terre
mois : trente jours □ **enfer**, m. ≠ paradis

manque : (ici) privation (au sens médical)

il s'agit : il est question
drogue : stupéfiant □ **me rendait supportable** : m'aidait à accepter □ **monde** : société □ **seul(s)** : uniquement
être(s), m. : homme vivant, créature
me prendre en pitié : avoir pitié de moi □ **partage sa vie** : vis avec lui □ **plusieurs** : un certain nombre □ **joie(s)**, f. ≠ peine(s)

sans nuages = tranquille
au sein : au milieu □ **pire(s)** : plus mauvais □ **épreuve(s)** : tribulation
un drogué : qqn. qui est dépendant de la drogue
s'adonne...à : s'attache entièrement à
piqûre(s), f. : injection
boisson : liquide que l'on boit □ **gorgée(s)** : quantité de boisson avalée d'un trait □ **bienfaisant** : salutaire

acheter : obtenir en payant
quotidien(nes) : de chaque jour □ **vendent** ≠ achètent □ **ne...plus que** : désormais seulement
supérieur : plus grand □ **or**, f. : métal précieux □ **davantage** : plus
(être) en mesure de : capable de
également : aussi □ **autrefois** : dans le passé
entretenait : faisait durer

Nous avons donc connu à peu près en même temps l'angoisse hallucinante qui accompagne le manque. Cela a commencé pour lui un peu avant moi. Je ne pouvais alors mesurer toute l'étendue du mal qui le frappait, mais j'ai perçu un changement dans son attitude, assez insolite pour m'alarmer. Je le connais si bien! Il existe entre nous un lien à la fois physique et spirituel, une résonance subtile, qui fait que je sens dans mon corps la moindre altération de ses réflexes. Ainsi, un jour, au
10 cours d'une promenade, j'ai été frappée par une nervosité inaccoutumée de ses membres, un tremblement qu'il ne pouvait réprimer et qui se traduisait par une allure hésitante du couple étroitement enlacé que nous formions. Et cette fébrilité ne fit que s'accroître avec le temps.

Je n'ai vraiment compris la gravité de son état, l'état funeste de manque, que lorsque je fus moi-même accablée par le même fléau, quand ma drogue à moi commença à se raréfier, devenant un luxe trop onéreux.
20 Henri ne négligea rien pour m'éviter cette abomination. Il montra de l'héroïsme. Jamais je n'ai mieux mesuré la profondeur de son amour. Il se rationnait lui-même, limitant ses doses au minimum vital pour pouvoir me fournir ma boisson de chaque jour. Malgré tous ses efforts, le mal empira, à mesure que nos drogues essentielles devenaient plus rares et plus chères. C'était une situation sans issue. Il eût fallu à Henri la fortune de Crésus pour satisfaire nos besoins.

C'était loin d'être le cas, et ses maigres ressources
30 furent presque épuisées au bout de quelques semaines. Il avait beau se priver de tout ce qui n'était pas drogue, même de nourriture, nous dûmes encore réduire nos

angoisse: extrême anxiété

étendue: grandeur □ **le frappait**: l'atteignait douloureusement
perçu (percevoir): saisi, remarqué
insolite: inhabituel
lien: attachement □ **à la fois**: en même temps

moindre: plus petit(e) □ **au cours d(e)**: pendant
frappé(e): impressionné fortement
nervosité: agitation □ **inaccoutumé(e)**: insolite □ **membre(s)**: bras ou jambe □ **réprimer**: retenir □ **traduisait**: manifestait
étroitement: d'une façon serrée □ **enlacé**: se donnant le bras
s'accroître: devenir plus fort

état, m.: condition physique
funeste: mortel
accablé(e): touché d'une façon insupportable □ **fléau**: calamité
se raréfier: devenir rare □ **onéreux**: très coûteux
ne négligea rien: fit tout □ **éviter**: empêcher qu'arrive
montra: fit preuve
profondeur: immensité

fournir: procurer □ **malgré**: en dépit de
empira: devint pire □ **à mesure que**: proportionnellement et en même temps que
il eût fallu à H.: H. aurait dû posséder
Crésus: roi antique d'une richesse légendaire □ **besoin(s)**, m.: ce qui est nécessaire
épuisé(es): entièrement usé □ **au bout de**: à la fin de
avait beau: s'efforçait en vain de □ **se priver**: s'abstenir
nourriture, f.: aliments □ **dûmes**: passé simple du verbe devoir

rations. Nos tourments devinrent très vite insupportables et nous nous trouvâmes bientôt au seuil d'une épouvantable agonie.

J'éprouvais des remords de le voir ainsi dépérir. Devant l'ampleur de la tragédie, je trouvai la force de lui faire une proposition qui me causait une peine immense. Je lui suggérai de se séparer de moi, de m'abandonner. Je me rendais compte que j'étais une maîtresse trop coûteuse à cause de mon vice. Tout seul, sans les frais supplémentaires que celui-ci imposait, peut-être aurait-il pu se tirer d'affaire, du moins durer plus longtemps, avec des souffrances atténuées. Quand je lui fis à voix basse cette suggestion qui me brisait le cœur, il ne me répondit pas immédiatement. Je savais que ce n'était pas une marque de mépris. Il est coutumier du fait. Nos entretiens ne ressemblent guère à ceux des amants ordinaires. Il garde très souvent le silence quand je fais quelque remarque, comme si celle-ci lui inspirait le désir d'une longue réflexion, et je veux me persuader que c'est le cas. Ce n'est que plus tard, parfois plusieurs heures après, qu'il montre qu'il m'a entendue et comprise. Mais ses réponses prennent alors la forme d'un monologue. En cette occasion, ce ne fut que le lendemain que je l'entendis murmurer, se parlant à lui-même comme si j'étais absente : « *L'abandonner ? jamais. Je la garderai jusqu'au bout. Nous périrons ensemble, si périr il faut.* »

Cette preuve d'amour me toucha plus que je ne saurais dire. Pendant plusieurs jours, puisant dans mes réserves d'énergies, je m'ingéniai à lui cacher les souffrances que m'infligeait le manque ; une torture qui, malgré mes efforts, finissait toujours par éclater. Je ne

vite: rapidement
au seuil: au commencement □ **épouvantable**: atroce

éprouvais: avais □ **ainsi**: de cette façon □ **dépérir**: perdre sa force □ **ampleur**, f.: ce qui est ample, grandeur

se séparer de: cesser de vivre avec
me rendais compte: comprenais après réflexion
frais, m. pl.: dépense(s)

se tirer d'affaire: sortir d'embarras □ **durer**: continuer à vivre
atténué(es): moins violent
brisait: détruisait
répondit: dit qqch. en retour (l. 22)
mépris ≠ admiration □ **est coutumier du fait**: a l'habitude d'agir ainsi □ **entretien(s)**: conversation □ **ne...guère**: peu □ **amant(s)**: amoureux □ **garde...le silence**: reste sans parler

tard: après le temps normal

réponse(s): toute question demande une réponse
le lendemain: le jour suivant

garderai: conserverai avec moi
périrons: mourrons □ **ensemble**: en même temps
preuve: démonstration
saurais = pourrais (belgicisme) □ **puisant**: cherchant, prélevant
m'ingéniai à: fis tous mes efforts pour □ **cacher**: empêcher de découvrir, dissimuler
éclater: apparaître violemment

pouvais réprimer une sorte de râle, précédant une suffocation voisine de la mort.

L'excès de notre désespoir nous inspirait cependant par intermittence la force de lutter, en recherchant tous les moyens possibles d'échapper à l'enfer.

Ce furent d'abord les produits de remplacement; les *ersatz*, comme on les appelle. Désespéré de me voir plongée dans ces crises qui devenaient de plus en plus fréquentes, endurant un martyre dont l'acuité même m'empêchait de gémir, Henri songea à mélanger à ma boisson de plus en plus rationnée une certaine quantité d'alcool de mauvaise qualité, un liquide grossier, dont j'aurais certes fait fi autrefois, mais qu'on pouvait encore se procurer à un prix raisonnable. Des amis, eux aussi intoxiqués, lui avaient donné ce conseil. Cette pratique ne lui plaisait guère. Il s'en méfiait et il avait pour moi une telle sollicitude qu'il tint à l'essayer d'abord sur lui-même, remplaçant certaines de ses piqûres devenues impossibles par une absorption de cet alcool. Cela sembla provoquer une certaine amélioration de son état; aussi n'hésita-t-il plus à me fournir cet *ersatz*. Pour moi aussi, celui-ci parut amener une accalmie. Du moins, pendant un certain temps, je tentai de m'en persuader et de le lui faire croire. Je m'efforçai de surmonter les malaises provoqués par ce palliatif. Au début, il valait mieux que rien, mais je m'aperçus bientôt que son effet ne saurait durer, ce qui se produisit. Il en fut de même pour Henri. Ses réflexes redevinrent très vite hésitants et désordonnés. Quant à moi, mes efforts pour échapper à la crise ne firent que la retarder et je connus de nouveaux accès de suffocation, plus aigus à mesure que le mélange devenait moins riche en ma boisson vitale,

râle, m. : respiration bruyante (de qqn. qui va mourir)
voisin(e) : qui est tout près

lutter : combattre □ **recherchant** : investiguant
moyen(s) : façon □ **échapper à** : être sauvé de
d'abord : en premier lieu
ersatz, m. : (mot allemand) produit de substitution
plongé(e) : au milieu de, entièrement enfoncé
un martyre : (-e !) souffrances du martyr □ **acuité**, f. : sévérité
gémir : exprimer sa douleur □ **songea à mélanger** : eut l'idée de faire un mélange (une mixture)
grossier : qui n'est pas délicat, de mauvaise fabrication
certes : assurément □ **dont j'aurais...fait fi** : que j'aurais dédaigné □ **à un prix raisonnable** : pas cher
conseil : avis □ **pratique** : façon habituelle d'agir
ne lui plaisait guère : il n'aimait pas beaucoup □ **il s'en méfiait** : il la tenait en suspicion □ **l'essayer** : en faire l'expérience

amélioration : le fait d'aller mieux, de faire des progrès

amener : produire □ **accalmie** : période de calme après la tempête □ **tentai** : essayai
m'efforçai de : fis des efforts pour □ **surmonter** : dominer
malaise(s), m. : sensation d'être malade
mieux que rien : pas beaucoup □ **m'aperçus** : notai
se produisit : arriva □ **de même** : pareil, la même chose

quant à moi : en ce qui me concerne
retarder : laisser se produire plus tard
accès : période violente □ **aigu(s)** : intense et douloureux

laquelle devenait chaque jour plus rare et plus onéreuse.

D'ailleurs, même cet alcool grossier commençait à me manquer. D'autres amis, qui prétendaient s'y connaître, suggérèrent à Henri des *ersatz* différents, plus faciles à se procurer, et qui, prétendaient-ils, pouvaient allumer en nous la griserie, suivie de l'apaisement auquel nous aspirions. Nous en essayâmes plusieurs ; sans succès. Tous provoquèrent des nausées et, finalement, un dégoût aussi douloureux que le manque. Il y eut même un fou pour conseiller à Henri un breuvage à base d'eau. Après l'avoir expérimenté (et avec quelle répulsion !) nous tombâmes tous deux en syncope, une syncope bizarre, une sorte de catalepsie plus terrible que la mort, qui nous interdisait le moindre mouvement, mais au cours de laquelle nous conservions le sentiment de notre affreuse condition.

Les *ersatz* se révélant inefficaces, à bout de ressources, Henri se décida à voler. Il s'y résigna, malgré sa répugnance, comme on s'accroche à la dernière planche de salut. Je l'y encourageai, car aucun déshonneur ne pouvait nous infliger une déchéance pire que celle que nous endurions. Pour son propre compte, il se mit à l'affût des officines où est entreposée l'héroïne et entreprit de les cambrioler. Après plusieurs tentatives infructueuses, il réussit un coup heureux, qui lui rapporta un petit stock de sa drogue. Pour ma drogue à moi, il parvint une nuit à pénétrer dans un dépôt qui en contenait plusieurs récipients, à en fracturer quelques-uns et à en transvaser le contenu dans plusieurs dames-jeannes, qu'il dissimula soigneusement chez nous. Ces larcins nous permirent à tous deux de retrouver le

laquelle = qui

d'ailleurs : d'un autre point de vue, en plus
s'y connaître : être expert(s) en ce domaine

allumer : provoquer
griserie : un peu d'extase □ **suivi(e) de** = avant □ **apaisement** : retour au calme
dégoût : répulsion
douloureux : pénible, cruel □ **un fou** : (ici) qqn. qui parle sans savoir □ **conseiller** : recommander □ **breuvage à base d'eau** : boisson ayant de l'eau comme composant principal
tombâmes...en syncope : perdîmes connaissance □ **syncope** : brusque évanouissement
interdisait : rendait impossible

affreuse : horrible, très laid(e)
se révélant : apparaissant □ **inefficace(s)** : inutile □ **à bout de** : n'ayant plus de □ **voler** : prendre ce qui n'est pas à soi
s'accroche : se tient fermement □ **planche de salut** (cliché) : ultime moyen de sauvetage
déchéance : dégradation
pour son propre compte : pour lui-même □ **à l'affût** : à la recherche □ **officine(s)**, f. : pharmacie □ **entreposé(e)** : stocké
entreprit : prit la résolution □ **cambrioler** : voler en entrant par effraction □ **infructueuses** : sans résultat □ **réussit un coup** : obtint du succès (dans une action difficile) □ **rapporta** : donna comme profit □ **parvint** : réussit
fracturer : casser
transvaser : verser dans un autre récipient □ **dame(s)-jeanne(s)** : très grosse bouteille (20 à 50 litres) □ **soigneusement** : avec soin, avec attention □ **larcin(s)** : objet volé

bonheur et de mener pendant un temps une existence apaisée.

Un temps trop court, hélas ! Ce fut notre dernière période heureuse. Nos stocks furent vite épuisés et il nous fut impossible de les renouveler. Nos drogues attiraient la convoitise d'intoxiqués de plus en plus nombreux, qui n'hésitaient pas à se transformer en cambrioleurs, en criminels même pour satisfaire leur passion. Les commerçants qui en possédaient prirent des précautions jusqu'alors inconnues pour les préserver, les enfermant dans des chambres fortes hérissées de réseaux électriques et électroniques, qui défiaient l'habileté des agresseurs les plus audacieux. Henri et moi, nous retombâmes à peu près en même temps dans l'enfer du manque.

Cet enfer, nous ne pouvions plus le supporter. Nous avions atteint les limites de la souffrance. Depuis longtemps, je pensais que nous devrions nous résigner un jour à une évasion définitive et je m'étais habituée à cette idée. Aussi, je fus presque apaisée lorsque j'entendis Henri murmurer à voix basse, se parlant à lui-même, comme il le fait souvent : « *Il faut en finir.* »

Je lui sus gré aussi de ne pas vouloir que nous mourions en état de frustration, cette déchéance morale et physique qui nous répugnait. Afin que nous puissions disparaître avec une personnalité convenable, pour nous procurer nos ultimes doses, Henri vendit les rares derniers biens qui se trouvaient encore en sa possession, les derniers meubles, les dernières pièces de vaisselle, ses derniers vêtements. Cela ne suffisait pas. J'aurais voulu participer à ce sacrifice. Je tentai de lui suggérer de se défaire de quelques objets qui m'appartenaient en

bonheur: joie de vivre, félicité □ **mener**: avoir
apaisé(e): calme

renouveler: constituer à nouveau
attiraient: excitaient □ **convoitise**: jalousie
nombreux: en grand nombre

commerçant(s): qqn. qui a une boutique □ **prirent**: verbe prendre □ **jusqu'alors**: précédemment
...fort(es): (ici) blindé □ **hérissé(es)**: couvert □ **réseau(x)**: système
habileté: dextérité
audacieux: sans peur □ **nous retombâmes**: nous nous retrouvâmes par malheur □ **à peu près**: approximativement

devrions: verbe devoir, conditionnel présent
habitué(e): accoutumé

en finir (avec la vie) = mourir
sus gré: eus de la gratitude (sus: verbe savoir)

répugnait: faisait horreur
convenable: décent(e)

meuble(s): table, chaise, lit ...sont des meubles □ **vaisselle**: tasses, assiettes, plats, etc... □ **vêtement(s)**: habit
se défaire: se débarrasser
m'appartenaient en propre: étaient ma propriété à moi seul(e)

propre, car il m'en avait fait cadeau autrefois lorsque nous nous étions mis en ménage, et qui ont une certaine valeur : un poste radio, des coussins de cuir et quelques autres fanfreluches. Il ne voulut pas en entendre parler.

« *Toi au moins tu mourras intacte* », murmura-t-il.

Il préféra se transformer encore en truand, en assassin, cette fois, et dévaliser un noceur nocturne, après l'avoir proprement assommé.

Il avait enfin réuni la somme nécessaire à notre dessein. Il put acheter quelques doses de véritable héroïne et une quantité assez importante de ma drogue à moi, sans aucun mélange qui la dénaturât.

Alors, il m'amena dans son jardin, m'aspergea à la lance, me lava avec un soin particulier, et sécha avec une peau de chamois neuve les larmes que m'inspirait sa sollicitude. Puis, après s'être fait une dernière piqûre, d'une main qui ne tremblait plus, il versa dans mon réservoir les 20 litres de *super* pur qu'il avait réussi à se procurer : un nectar sans mélange, dont je n'avais pas senti l'arôme depuis longtemps, et dont je savourai avec délices les effluves, avant de le consommer.

Ensuite, il caressa une dernière fois mes flancs luisants, s'installa à mon volant, et nous partîmes ainsi, étroitement attachés l'un à l'autre, pour une dernière course dans la nuit : une course vers la mort, vers le gouffre qui sert de cimetière aux voitures, dans lequel il avait décidé de nous précipiter. Mon énergie retrouvée, je l'aidai de toute la puissance de mon moteur, et c'est à une allure folle, jamais encore atteinte par nous, que nous fîmes explosion dans le chaos de ferraille et de tôles rongées qui emplissent le sépulcre de mes sœurs.

cadeau, m. : un présent, qqch. que l'on donne
en ménage : à vivre ensemble, comme des gens mariés
valeur : prix ☐ **poste :** appareil ☐ **coussin(s) de cuir :** siège en peau d'animal ☐ **fanfreluche(s),** f. : bijou de fantaisie

truand, m. : gangster
dévaliser : voler ☐ **noceur :** qqn. qui fait la fête
proprement : bien ☐ **assommé :** frappé violemment sur la tête
enfin : finalement ☐ **réuni :** rassemblé ☐ **somme** (d'argent)
dessein, m. : projet

qui la dénaturât : capable de l'altérer (rendre inutilisable)
m'amena : me conduisit ☐ **aspergea :** versa de l'eau sur
lance : tuyau d'arrosage ☐ **lava :** nettoya ☐ **sécha :** enleva l'eau complètement ☐ **une peau de chamois** sert à sécher ☐ **larme(s),** f. : liquide qui coule des yeux, signe de tristesse

réservoir : partie d'une auto où est gardée l'essence (depuis le début, c'est une auto qui raconte l'histoire)
senti : perçu par mon nez
délices, f. pl. : plaisir extrême ☐ **effluve(s),** m. : émanation

luisant(s) : brillant ☐ **volant :** pièce qui commande la direction d'une auto
course : excursion
gouffre : trou immense ☐ **sert de :** est utilisé comme ☐ **voiture(s) :** véhicule
aidai : assistai ☐ **puissance :** force, énergie
allure folle : vitesse extraordinaire ☐ **atteint(e) :** obtenu
fîmes : passé simple de faire ☐ **ferraille :** débris de fer ☐ **tôle(s) :** plaque de métal ☐ **rongé(es) :** rouillé ☐ **emplissent** ≠ vident

Grammar throughout the Stories

Give the French version of the following sentences translated from the original text. (The first number refers to the page, the second to the line):

No couple has *ever* known an understanding as perfect as *ours* (double negative; agreement of possessive pronoun, 100 - 13).

Our love has always been unclouded, even in the midst of the worst trials. On the contrary, *these* have drawn us closer still (agreement of demonstrative pronoun, 100 - 14).

My (particular) drug is drink (disjunctive personal pronoun for emphasis, 100 - 19).

And this feverishness *only increased* with time (introduction of *faire* + *ne...que* for emphasis, 102 - 14).

Never have I better gauged the depth of his love (102 - 21).

Henri *would have needed* the fortune of Croesus to satisfy our requirements (literary pluperfect subjunctive of *falloir* replaces past conditional, 102 - 27).

I suggested *he (should) part* with me, *abandon* me (infinitive construction, 104 - 7).

We shall perish together, *if perish we must* (104 - 26).

This proof of love touched me more than *I can* say (literary conditional of *savoir*, 104 - 27).

Ersatz as they are *called* (passive construction rendered by on + active verb, 106 - 7).

I soon perceived that its effect could not last, *which* turned out (to be the case) (relative pronoun with antecedent *ce* summing up preceding sentence, 106 - 26).

Other friends, who claimed *to know all about it,* suggested different *ersatz* to Henri (108 - 4).

All brought on nausea and ultimately a disgust *as distressing as* being without (comparison of equality, 108 - 9).

I heard Henri *murmuring* in a low voice (infinitive replaces participle after verb of perception, 110 - 20).

Then *after giving himself* a last injection, with a hand which no longer shook, he poured 20 litres of *super* into my tank (perfect infinitive replaces gerund, 112 - 17).

SUBLIME HAINE D'ÉTÉ

Annick Bernard (1953-)

Le talent d'Annick Bernard a été reconnu très tôt par les grands éditeurs parisiens. Elle compte à ce jour au moins cinq romans publiés: *Les Voleurs de temps* (Lattès, 1972), *Marie* (Ramsay, 1980) et les suivants tous chez Hachette, *L'Esparonne* (1981), *Le Guerrier de l'esprit* et *La Machine à blessures* (1983).

Sublime haine d'été, parue dans la revue *Nouvelles* du printemps 1986, est une histoire brève fondée sur le principe du monologue intérieur. Une femme, restée seule pendant une partie de l'été auprès de sa mère souffrante, songe à toutes les contradictions de sa liaison avec un homme exigeant, sans intérêt et infidèle. Elle parle peu ou pas d'elle-même, attentive à ce qu'elle voit ou ce qu'elle écoute, occupée à suivre en imagination son amant absent. Jusque dans son dénouement, la nouvelle se poursuit sur un mode original, presque tragique, malgré la dérision apparente.

Le Rhône reflétait la couleur beige du ciel. Le ciel beige et gris de Lyon aujourd'hui. Qui enfermait, traquée dans ses murs, une de ces lourdes journées d'été. Jacqueline leva la tête et posa son livre sur l'accoudoir du fauteuil qu'elle avait installé face à la fenêtre. Elle pouvait ainsi contempler trois ou quatre morceaux de fleuve et les deux autres, pendant ce temps, regardant la mer d'un bleu si profond, si fondamental que l'on y mourrait avec plaisir. Elle s'étonnait de ne pas souffrir
10 plus de la jalousie en écoutant la sonate pour violon et clavecin n° 5 de Bach, largo, allegro, adagio, vivace. Elle était calme, tranquille, et supportait une douleur de jalousie calme et tranquille elle aussi. Une douleur très supportable, compte tenu des circonstances. Ou justement à cause des circonstances ?

« Jacqueline ! Apporte-moi un verre d'eau s'il te plaît. Je meurs de soif ! »

Sa mère réclamait à boire ; plus tard, elle exigerait une tartine ou un fruit que Jacqueline lui apporterait avec la
20 même égalité d'humeur puisqu'il était convenu avec sa sœur aînée qu'elles s'occuperaient d'elle, chacune leur tour, deux semaines au mois d'août. Jacqueline avait choisi la première quinzaine. Elle traversa le salon, se rendit à la cuisine et rejoignit sa mère, couchée dans sa chambre devant la télévision. Puis elle retourna à la fenêtre, devant le Rhône. Très calme. À vrai dire, elle n'avait pas tout à fait choisi la première quinzaine. Ce sont les circonstances qui l'avaient amenée à préférer passer la première partie du mois à Lyon. Ainsi, elle
30 pouvait les accompagner par la pensée, Jean et son coup de foudre. C'est ainsi qu'elle « la » nommait. Le coup de foudre de Jean. Peu importait son nom ou sa personne,

enfermait: retenait

traqué(e): poussé comme un animal chassé □ **été, m.**: une des quatre saisons □ **leva** ≠ baissa □ **posa**: plaça □ **accoudoir, m.**: partie du fauteuil qui sert d'appui au coude □ **face à**: tourné vers □ **morceau(x), m.**: fragment

fleuve, m.: grande rivière qui descend jusqu'à la mer □ **les deux autres** = lui et une autre femme (l. 30)

mourrait: conditionnel présent de mourir (≠ mourait, imparfait)

clavecin, m.: instrument de musique, ancêtre du piano

supportait: endurait □ **douleur**: peine

compte tenu des...: si on considérait les...

meurs de soif = ai très soif (v. mourir)

réclamait: demandait avec insistance □ **exigerait**: demanderait impérativement □ **tartine**: du pain beurré avec de la confiture

égalité d'humeur: équanimité □ **convenu**: d'accord

aîné(e): plus âgé □ **s'occuperaient** (de qqn.): prendraient soin

quinzaine = deux semaines □ **traversa**: alla d'un côté à l'autre

se rendit: alla □ **rejoignit**: (rejoindre) alla retrouver

à vrai dire = pour parler franchement

amené(e): entraîné

coup de foudre: amour soudain et passionné (dans toute la nouvelle désigne une autre femme, sa rivale)

peu importait: n'avait aucun intérêt

puisqu'elle ne la connaissait pas. Seul, Jean lui importait et elle désignait ce changement dans leurs projets d'été par ses propres termes à lui : un coup de foudre. Un coup de foudre lui était arrivé à lui. Jacqueline en souriait. Jean n'avait rien d'un homme à coup de foudre. Il ne supportait pas le moindre dérangement dans sa vie organisée. Le coup de foudre avait dû être particulièrement percutant, remarquait-elle sans amertume. Percutant mais non inquiétant. Jacqueline avait quarante ans et Jean, trente-trois. Leur liaison durait depuis quatre ans, mais ils ne partageaient pas d'appartement. Chacun le sien pour éviter la monotonie du quotidien. Il fallait compter avec les éventuels coups de foudre puisqu'ils n'avaient pas d'enfant. Un coup de foudre de temps en temps constituait un événement qui bouleversait leur ordre. Il fallait dépasser ce premier coup de foudre et ensuite tout reprendrait comme avant. Peut-être lui demanderait-elle à nouveau, et si nous avions un enfant ? Il la regarderait glacé, exactement comme elle s'attendait à ce qu'il la regarde. Au fond, souhaitait-elle réellement un enfant ? Elle n'en avait pas eu au cours de son long mariage, avant de rencontrer Jean. Et Jean n'en avait pas eu non plus avec sa femme. Avant de rencontrer Jacqueline. Lorsque par hasard un ami lui posait la question : Pourquoi n'as-tu pas d'enfant, Jean ? Il se débrouillait pour ne pas répondre ou bien avec la plus extrême confusion. Il n'osait pas dire la vérité. Par conformisme, pour que surtout on ne le juge pas bizarre, il n'osait pas dire que en fait il n'aimait guère les enfants, que sa vie était trop bien ordonnée, qu'un enfant viendrait troubler tous ces arrangements qu'il avait pris avec lui-même. Il économi-

lui importait: avait de l'importance pour elle
désignait: nommait □ **projet(s) d'été**: plan pour les vacances d'été □ **terme(s), m.**: mot
lui était arrivé: s'était produit dans sa vie □ **en souriait**: n'était pas affligée par cela □ **n'avait rien d(e)**: était précisément le contraire de □ **dérangement**: désordre

percutant: qui produit une percussion □ **amertume, f.**: sentiment de forte déception □ **inquiétant**: alarmant

partageaient: avaient en commun
éviter: rendre impossible
(le) quotidien: la routine de chaque jour □ **compter avec**: ne pas exclure □ **puisqu(e)** = parce qu'(évidemment)

bouleversait: perturbait □ **dépasser**: ne pas s'arrêter à
ensuite: plus tard, après cette affaire □ **reprendrait**: irait
demanderait: poserait une question
glacé: très froidement
s'attendait à ce...: prévoyait □ **au fond**: en y réfléchissant
souhaitait: désirait
au cours de: pendant

se débrouillait: trouvait un moyen ingénieux
osait: avait le courage de

en fait: en réalité
guère: pas beaucoup

sait pour s'acheter un appartement à Paris et une maison en Bretagne avec sa sœur. Jacqueline s'amusait de sa confusion, elle qui le connaissait si bien. Et parce qu'elle connaissait ses craintes, sa peur du moindre dérangement, elle l'accompagnait par la pensée dans ses vacances d'été avec le coup de foudre. Le fait, le simple fait qu'il eût nommé cette aventure « coup de foudre » offrait de quoi la rassurer. Le coup de foudre présentait la caractéristique de ne pas durer. Ainsi, Jean le limitait par le langage, disait implicitement que c'était seulement une aventure dont il était le héros. Jacqueline avait joué le jeu avec intelligence : « Tu es libre, c'est ce qui me plaît chez toi, ta liberté. » Son regard avait brillé de joie. Le mot coup-de-foudre leur faisait savourer le piment du risque (nous retrouverons-nous ?) et la certitude de n'avoir rien à craindre (bien sûr puisqu'il ne s'agit que d'un coup de foudre). Les yeux de Jean avaient brillé de joie et de plaisir. Jacqueline avait tout compris, il lui en était reconnaissant et il avait conclu : je ne cherche pas à te faire de la peine, nous ferons le point en septembre. Il s'échappait au mois d'août comme un cabri qui rentrerait à la bergerie aux premières pluies. Il ne pouvait s'échapper que s'il était sûr de pouvoir rentrer. Elle les imaginait au bord de la mer et elle souriait. Au début ils feraient l'amour souvent, cela ne prête pas à conséquence. La pensée qu'une autre puisse désirer Jean réveillait le désir de Jacqueline. Au début, certes, puis le désir de l'autre mourrait comme le désir de Jacqueline s'était éteint, par moments, devant les mille obstacles que Jean mettait à la vie quotidienne. Il remplissait les jours de ses inquiétudes jamais apaisées sur le fonctionnement de son corps et de son cerveau. Un coup de foudre ne

s'amusait de : trouvait amusante

crainte(s), f. = peur □ **du moindre :** du plus petit
par la pensée : mentalement

aventure : (ici) épisode amoureux
de quoi : assez de raisons pour □ **rassurer :** tranquilliser
durer : se prolonger longtemps

joué le jeu : respecté les règles convenues

regard : expression des yeux □ **avait brillé :** s'était éclairé
piment : (figuré) excitation

craindre : redouter □ **bien sûr :** évidemment □ **ne...que :** seulement □ **s'agit...d'un :** est question d'un

reconnaissant : qui a de la gratitude □ **cherche...à :** essaie de
ferons le point : déterminerons l'état exact (de nos relations)
s'échappait : fuyait □ **cabri :** animal, petit d'une chèvre
rentrerait à la bergerie : reprendrait une vie raisonnable (une bergerie abrite des moutons)
bord : rivage, côte □ **au début :** au commencement
feraient l'amour : auraient des rapports sexuels □ **ne prête pas à conséquence :** n'a pas d'importance
réveillait : faisait renaître □ **certes :** oui sûrement
mourrait : conditionnel (≠ mourait : imparfait !)
s'était éteint : avait expiré
remplissait : occupait entièrement
inquiétude(s), f. : préoccupation □ **apaisé(es) :** calmé
cerveau : intellect

résisterait pas à cela, elle-même avait mis un certain temps à s'habituer. Finalement, elle avait pris le parti de s'intéresser calmement et également à tous les maux de Jean, comme une mère indulgente et attentive. Puisqu'elle n'avait pas d'enfant. Le coup de foudre ne saurait s'y habituer en quinze jours. Jean lui reviendrait plus aimant, plus reconnaissant qu'auparavant. En contemplant le Rhône qui filait doucement elle baignait dans la certitude que Jean se conduisait avec l'autre comme il se fût conduit avec elle en voyage. Simplement, un autre visage et un autre corps avaient pris sa place à elle, mais pour Jean cela différait-il? Pas dans ses attitudes en tout cas. Jacqueline devinait sans peine qu'il agirait avec l'autre comme avec elle. Il demanderait dès le premier jour du voyage à constituer une cagnotte afin d'être certain que l'autre ne dépenserait pas plus que lui, qu'il ne dépenserait pas plus que l'autre. Il était obsédé par la crainte de se faire gruger, et il tenait un compte précis des sommes engagées afin que la balance commerciale soit en permanence équilibrée. Il prétendait avec vigueur que les relations s'en trouvaient assainies. Donnant-donnant, argent comptant, cash pour cash, comme en Amérique. Jacqueline et Jean s'entendaient à merveille pour l'économie. L'une par peur de manquer, l'autre par peur de dépenser. Seuls les partages égaux et les comptes précis rassuraient Jean et Jacqueline. Le coup de foudre ne saurait comprendre tous ces fonctionnements en deux semaines. Elle commettrait des impairs sans doute qui devaient effrayer Jean. Elle devait se comporter à l'opposé de Jacqueline dont elle avait pris la place sans se douter que d'une manière ou d'une autre Jacqueline était toujours là. La sonate de Bach s'étirait comme le

s'habituer : s'accoutumer □ **parti** : résolution
maux : souffrances physiques (pluriel de mal, m.)

saurait : (conditionnel de savoir) pourrait

filait : s'en allait au loin □ **baignait dans** : était envahie par
se conduisait : se comportait, était
se fût conduit = se serait conduit
visage : physionomie
différait : faisait une différence □ **en tout cas** : sûrement
devinait : savait par supposition □ **sans peine** : facilement

cagnotte : argent mis en commun
dépenserait : utiliserait de l'argent

gruger : voler, déposséder par tromperie
engagé(es) : dépensé

assaini(es) : purifié □ **donnant-donnant** : la même somme pour chacun □ **comptant** : payé immédiatement
s'entendaient à merveille : avaient une entente excellente
manquer : ne pas avoir assez
partage : répartition

commettrait des impairs : ferait des erreurs involontaires
effrayer : faire très peur à

se douter : avoir l'idée
s'étirait : se prolongeait

fleuve sous la lumière grise. Elle rêvassait là chaque jour, son livre à la main. Le moindre détail auquel elle s'attardait finissait par la faire sourire. Pour son coup de foudre, Jean n'avait pas dû juger utile de se vêtir autrement qu'il ne l'eût fait pour Jacqueline. Il ne ferait aucun effort pour « la » séduire, puisque le coup de foudre était par essence provisoire. Jacqueline avait parfois reproché à Jean son manque d'élégance puis elle avait compris que le peu de soin qu'il prenait de sa personne (hormis une obsessionnelle propreté) n'était pas une preuve d'assurance mais au contraire sa manière à lui de se dévaloriser. Jean portait des vieux jeans, des vieux shorts, des vieilles chemises, des vieux pull-overs. Il donnait l'impression de n'avoir pas changé de vêtements depuis l'adolescence et Jacqueline s'était habituée. De même qu'il refrénait constamment ses élans, elle bridait ses crises de générosité à son égard. Quand elle imaginait Jean en vacances avec son coup de foudre, elle avait de moins en moins peur de le perdre. Cette rêverie la rassurait. Si elle supportait aussi bien la faible douleur de la jalousie, c'est que cette jalousie ne s'accompagnait pas d'une perte. Par peur du risque, il ne parviendrait pas facilement à la quitter. La vision juste et lucide qu'elle avait de la situation ne lui donnait pas d'amertume. Les hommes ne quittent une femme que pour une autre, mais avant que Jean soit sûr d'en aimer une autre, avant qu'une autre le supporte aussi bien que le supportait Jacqueline, les siècles pouvaient s'écouler. Ils avaient appris à se supporter, mais ils ne s'aimaient plus. Ils avaient ensemble des conversations. De longues conversations intellectuelles au cours desquelles ils passaient au peigne fin, avec une infinie distance, un

rêvassait: se laissait prendre par une rêverie (l. 19)

s'attardait: prenait son temps pour l'examiner
se vêtir: s'habiller
ne: mot explétif sans valeur négative
séduire: plaire à qqn.

parfois: quelquefois □ **manque**: absence
soin: attention
hormis: à l'exception de □ **propreté** ≠ saleté

dévaloriser: déprécier
chemise(s): vêtement masculin léger qui couvre le haut du corps □ **vêtement(s), m.**: habit

refrénait..., bridait: contrôlait (un frein, une bride) □ **élan(s)**: mouvement d'enthousiasme □ **à son égard**: envers lui

le perdre: être séparée de lui définitivement □ **rêverie**: pensée vague qui occupe l'esprit (l. 1)

perte: (ici) séparation □ **parviendrait**: arriverait

supporte: endure
siècle(s), m.: cent ans □ **s'écouler**: s'en aller (comme de l'eau)
ne...plus: marque que l'action est terminée (ils avaient cessé de s'aimer)

passaient au peigne fin: étudiaient minutieusement

125

recul parfait, au cours desquelles ils disséquaient avec un plaisir cérébral, ils analysaient longuement leur histoire, leurs réactions, leurs frustrations. Sans élever la voix. Sans passion. Comme deux adultes raisonnables. Ils ne se mettaient jamais en colère ni l'un ni l'autre. Jean ne supportait pas ces femmes bruyantes, excessives, comme certaines amies de Jacqueline dont il disait : elles sont folles. Jean aimait la tranquillité, les expositions de peinture, le cinéma de réflexion. Et Jacqueline aimait les conversations avec Jean parce que là, dans la distance et l'observation, il se montrait attentif, disponible, capable d'écouter longuement (à condition bien sûr qu'elle l'écoutât aussi longuement avant ou après). Avec une intelligence remarquable, il lui parlait d'elle, lui disait ce qu'il avait ressenti tel ou tel jour lorsqu'elle s'était comportée de telle ou telle façon. Puis il l'embrassait, montrait au lit beaucoup de délicatesse à condition que cela ne dure pas trop longtemps. Puis il devenait irrésistible par son humour et ses pitreries. « Je fais le pitre, disait-il, je fais le pitre, je suis fou de faire le pitre pour te faire rire. » Elle riait de bon cœur, le câlinait, et il répondait à toutes ces tendresses avec beaucoup d'affection. Puis ils sortaient dîner dans un bon restaurant où ils payaient chacun leur part. Puis il lui disait qu'elle était jeune, belle, raffinée et finaude, et chacun retournait chez soi.

Plus de dix jours avaient passé. Elle rêvassait moins. Elle calculait le moment où il devait rentrer. Le quinze août, vol charter, atterrissage à quatorze heures trente. Elle connaissait l'horaire puisqu'ils avaient organisé ensemble ces vacances qu'elle aurait dû partager avec lui. C'est elle qui n'avait plus voulu partir, puisqu'il lui

recul : (figuré) éloignement pris pour juger avec sans-froid

élever la voix : parler plus fort

se mettaient : devenaient □ **en colère :** furieux
bruyant(es) : qui fait beaucoup de bruit

fol(les) ou **fou :** agité, excité

disponible ≠ occupé

ressenti : éprouvé □ **s'était comportée :** avait agi
embrassait : donnait des baisers

pitrerie(s), f. : bouffonnerie □ **fais le pitre :** joue à faire l'idiot
suis fou de : aime énormément
riait ≠ pleurait □ **de bon cœur :** sans retenue □ **câlinait :** caressait tendrement, cajolait

part, f. : partie attribuée à qqn.
raffiné(e) : de goût délicat □ **finaud(e) :** rusé

vol, m. : voyage d'un avion □ **atterrissage,** m. : moment où un avion touche à nouveau la terre □ **horaire,** m. : tableau des arrivées et des départs

avait annoncé son coup de foudre et que en conséquence, en homme qui respectait ses engagements, il ne remettait pas en cause leurs vacances mais ils voyageraient en frère et sœur ; il n'était pas homme à faire l'amour avec deux femmes. À partir du coup de foudre il avait cessé de faire l'amour avec elle. Jacqueline s'expliquait bien comment le coup de foudre avait pris sa place. Par une heureuse coïncidence, l'autre avait choisi le même pays comme destination bien avant de devenir le coup de foudre de Jean. Ainsi la substitution de compagne de voyage s'était faite sans encombre. Sauf que l'autre ne serait jamais la compagne de Jean. La compagne de Jean, c'était elle, Jacqueline. C'était le mot qu'ils employaient l'un et l'autre pour se désigner devant les tiers. Ma compagne, énonçait Jean d'un ton satisfait. Mon compagnon, chantonnait Jacqueline avec bien-être. Son compagnon qui atterrirait le dimanche suivant à quatorze heures trente. Une heure plus tard, de retour chez lui, une douche, et vers seize heures il lui téléphonerait à Lyon, pas trop longtemps afin que ça ne coûte pas trop cher (Jean appelait ses parents en P.C.V. lorsqu'il voyageait à l'étranger). Ils avaient tous passé contrat. Jean l'avait affirmé clairement, il signait un contrat avec l'autre, le coup de foudre, pour deux semaines de vacances (qu'elle ne vienne pas se plaindre après cela si tout s'arrêtait, elle avait accepté les termes du contrat verbal) et il signait un contrat avec Jacqueline comme quoi ils feraient le point après le voyage, bref qu'ils se retrouveraient après l'escapade. C'était plus propre que le mensonge, plus loyal, plus honnête. Jean possédait toutes ces qualités : franchise, loyauté, honnêteté, rigueur. Il lui téléphonerait vers

en... = comme un homme □ **respectait ses engagements** : faisait ce qu'il avait promis □ **remettait...en cause** : ...en question
en frère et sœur : comme s'ils étaient ... (platoniquement)
à partir du : depuis le début du

compagne : amie □ **sans encombre** : facilement □ **sauf que** : excepté le fait que □ **la compagne** : l'amante (m. = compagnon)

se désigner : définir leur type de relation
les tiers : les autres personnes □ **énonçait** : formulait
chantonnait : disait d'une voix chantante □ **bien-être**, m. : plaisir

une douche = il prendrait une douche (douche : moyen de se laver tout le corps rapidement)
appelait...en P.C.V. : appel téléphonique payable par celui qui est appelé □ **avaient...passé contrat** : s'étaient mis d'accord dans les règles

se plaindre : manifester son mécontentement
s'arrêtait : se terminait

comme quoi = en vertu duquel
bref : en peu de mots
propre : honnête □ **mensonge** : affirmation délibérément fausse
franchise, f. : sincérité
rigueur, f. : rectitude

seize heures, avant qu'elle ne parte en vacances rejoindre des amis en Provence, avant que lui-même ne rejoigne sa famille en Bretagne. Pour la rassurer et lui dire que les termes du contrat n'avaient pas changé. Homme de parole. Quelque peu lassée de la sonate pour violon et clavecin, Jacqueline écoutait plus volontiers l'autre face du disque, la sonate en trio pour flûte, violon, clavecin et violoncelle en ut majeur B.W.V. 1037, alla breve, largo, gigue. Le soleil brillait à nouveau sur les maisons
10 bourgeoises bordant le quai. Le Rhône en paraissait jaune, presque doré.

Homme de parole qui avait coutume de montrer son grand respect des femmes, l'estime qu'il leur témoignait (contrairement à tant d'autres si méprisants) : « Ce sont les femmes qui m'empêcheront de mourir idiot. » Grâce aux femmes, il avait beaucoup appris sur lui-même et il demandait souvent : parle-moi de moi, apprends-moi des choses sur moi. Elle lui parlait de lui, il lui parlait d'elle. Ils parlaient de tous les deux. Et la psychanalyse que
20 Jacqueline avait entreprise servait un peu pour deux. Cela rentabilisait l'investissement. Jean épargnait de la sorte son argent et s'épargnait une psychanalyse, jugeant qu'il n'en éprouvait pas le besoin. Il avait seulement du mal à s'endormir le soir et absorbait le même somnifère à base de bromure depuis quinze ans; il craignait toujours de tomber malade et traversait de pénibles crises d'angoisse mais qui ne souffre pas de toutes sortes de petits maux bénins? Il jouissait d'une excellente situation financière et professionnelle, avait une com-
30 pagne régulière et une maîtresse pour ces vacances d'été, de cet été-là. Il ne risquait de sombrer ni dans la folie, ni dans la passion, ni dans la prodigalité. Il s'était bâti un

avant qu'elle ne parte = avant son départ (ne explétif)
rejoigne : subjonctif présent de rejoindre

homme de parole : ...qui tient ses promesses
quelque peu : un peu □ **lassé(e)** : fatigué
plus volontiers : de préférence □ **face**, f. : côté

ut = do (ou C) □ **B.W.V.** : Bach Werke Verzeichnis (table des œuvres de Bach due à Schmeider) □ **gigue**, f. : danse animée
bordant : alignées sur le bord □ **quai** : (ici) avenue le long d'une rivière □ **doré** : couleur de l'or
avait coutume : avait l'habitude
témoignait : manifestait
méprisant(s) : dédaigneux
empêcheront de : aideront à ne pas □ **grâce aux** : avec l'aide des

entrepris(e) : commencé □ **servait** : était utile
rentabilisait : rendait profitable □ **épargnait** : évitait de dépenser
s'épargnait : se dispensait d'une

somnifère : substance qui fait dormir
à base de : composé principalement de
traversait : vivait dans □ **pénible(s)** : douloureux

bénin(s) : sans gravité □ **jouissait d'** : possédait

sombrer : se perdre
s'était bâti : avait édifié peu à peu pour lui-même

équilibre fragile, certes, mais durable. Tout le reste lui faisait peur. Et cette peur même, cette fragilité accompagnée malgré tout de beaucoup d'incertitude avait de quoi émouvoir. Jacqueline s'émouvait souvent.

Le dimanche prévu, le téléphone sonna si fort qu'elle sursauta. Elle baissa la musique de Bach, regarda sa montre. Seize heures dix. Emplie d'une joyeuse quiétude, elle décrocha. Il lui demanda de ses nouvelles avec beaucoup de simplicité, lui glissa quelques mots humbles et affectueux comme : ma petite compagne, je te souhaite d'excellentes vacances en Provence. Elle répondit oui à sa première question, puis elle l'écouta une minute. Enfin, elle répondit que oui, il faisait beau. Puis elle ajouta avant de raccrocher sans aucune brutalité : « ta petite compagne te dit merde, mon chéri ».

Ce qui pour un homme qui souffrait autant de constipation représentait un comble à entendre.

malgré tout = contrairement à l'apparence □ **avait de quoi**: était suffisant pour □ **émouvoir**: toucher

prévu: décidé à l'avance □ **sonna**: se fit entendre
sursauta: eut un mouvement brusque □ **baissa**: mit moins fort
empli(e): plein □ **quiétude**: tranquillité
décrocha: prit dans sa main le téléphone
glissa: introduisit adroitement dans ses paroles
te souhaite: espère que tu auras

ajouta: dit en plus □ **raccrocher** ≠ décrocher
te dit merde (expression très grossière) = ne veut plus t'entendre ni te revoir; **merde, f.**: excrément
constipation: (figuré) attitude pompeuse □ **comble**: le paradoxe le plus étonnant

Grammar throughout the Stories

Give the French version of the following sentences translated from the original text. (The first number refers to the page, the second to the line):

She *was surprised* not to suffer more from *jealousy* (reflexive verb; definite article with abstract noun, 116 - 9).

It was the circumstances that had led her to prefer spending the first part of the month in *Lyons* (plural complement requires plural verb, present commonly replaces past, 116 - 27).

Jacqueline *was* forty and Jean thirty-three (118 - 9).

Their liaison *had lasted for* four years (verb tense with *depuis*, 118 - 10).

He would look at her icily, exactly as she *expected him to look at her* (dependent clause with subjunctive introduced by *à ce que* after verb expressing expectation, 118 - 19).

You're free. That's what I like *about you* (120 - 12).

Finally she *had made up her mind* to take an interest, calmly and equally, in all Jean's ailments (122 - 2).

He claimed vigorously that the relationship was (found itself) healthier *for it* (pronoun *en* rendering *for that reason*, 122 - 20).

But before Jean *was* sure he loved *another (woman)*, before another *put up* with him as well as Jacqueline did, centuries could go by (present subjunctive after *avant que*; introduction of *en* with partitive value, 124 - 26).

They had learnt to put up with *each other*, but they no longer loved *each other* (124 - 29).

They never got angry, *either one of them* (126 - 4).

She worked out the time *when* he was due back (*où* denoting time, 126 - 28).

She knew the timetable since they had organized this holiday, which she *should have shared* with him, together (past conditional of *devoir* + present infinitive, 126 - 30).

Don't let her come complaining after that if everything stopped (subjunctive after *que* expressing a negative order, 128 - 25).

ÉCHO, RÉPONDEZ !

Paul Morand (1888-1976)

L'œuvre de Morand s'étend, depuis 1916, sur plus d'un demi-siècle, incluant une grande variété de genres littéraires, journal intime, poésie, théâtre, roman, critique, histoire. C'est d'abord dans ses chroniques et ses nouvelles qu'il apparaît comme un maître. Il y saisit lucidement, avec un art exceptionnel de la brièveté, tous les mythes fragiles de nos sociétés modernes en voie d'extinction. On y regarde ses personnages dans leurs décors ambiants comme des mannequins admirables dans un musée rétro.

Il est né à Paris dans une famille cultivée; après des études de sciences politiques, il va à Oxford et entre dans la carrière diplomatique; il est en poste à Londres dès 1913. Ce sera ensuite Rome, Madrid, Bangkok, Bucarest et Berne comme ambassadeur, jusqu'en 1945. Que fait-il en congé? Le tour du monde, pour voir du pays et rencontrer de nouveaux spécimens de l'élite ou de la faune cosmopolite.

Les fruits de ses pérégrinations méthodiques sont donc ses fameux recueils de chroniques pour le vécu: *Ouvert la nuit* (1921), *Fermé la nuit* (1923), *New York* (1929), *Londres* (1933), *Bucarest* (1935), *Venise* (1971), son testament littéraire; et ses recueils de nouvelles pour la fiction: *Tendres Stocks* (1921, avec une préface de Proust), *les Extravagants* (1936), *Le Prisonnier de Cintra* (1958). Dans *Écho, répondez!*, nouvelle tirée de *L'Europe galante* (1925), l'auteur montre son goût pour l'amour mystérieux, son besoin d'aventure, son scepticisme mondain, son bonheur dans la description raccourcie.

J'avais toutes raisons de devenir l'ami de Marie-Louise R...; sinon de devenir son ami, du moins d'entretenir avec elle de spécieuses relations, comme on a coutume d'en répandre, à Paris, sur un certain nombre de tapis, tout en laissant son cœur à domicile. J'étais lié avec sa famille. Elle comptait parmi ses animaux familiers quelques-uns de mes camarades. Nous possédions les mêmes habitudes, des maisons voisines, enfin nous appartenions à la même génération, c'est-à-dire à une même secte secrète, à un même peuple invisible. J'occupais donc toutes les approches. Cependant, elle ne voulut jamais me connaître; j'entends, — elle ne pouvait, à la longue, éviter que je lui fusse présenté —, me recevoir chez elle, ou, quand je la rencontrais chez des tiers, se départir envers moi d'un ton brusque, cesser de marquer une inattention résolue à mes propos. En public, elle témoigna délibérément que je n'existais pas. Jamais elle n'oublia de m'oublier. Je m'enquis si je l'avais irritée, si elle était prévenue contre moi par tant d'amis communs, si on m'avait calomnié; je ne pus rien savoir. Des gens lui parlèrent en ma faveur. Elle préféra ne point répondre.

Marie-Louise était grande comme le sont rarement les Françaises, avec une peau qui semblait une imitation de la peau, tant elle était pâle, unie, sans un accident, sans une lumière, sans un ravin, décolorée par l'urbanité. Au-dessous des sourcils voûtés, les yeux violets, adoucis par des pleurs qui ne coulaient jamais, produisaient une impression qui dépassait les limites du huitième arrondissement. Tout en affectant de n'ajouter pas foi à mon existence, Marie-Louise ne put ignorer que je l'admirais. Je voulus pousser plus loin. Vainement; j'en fus pour

toutes raisons de: toutes les raisons pour
sinon: à défaut
entretenir: avoir □ **spécieuse(s)**: fausse, sans valeur réelle
répandre: raconter partout □ **sur...tapis**: dans les salons
à domicile: chez soi □ **lié avec**: ami de
comptait parmi: avait au nombre de
possédions: avions
habitude(s), f.: routine □ **voisin(es)**: à côté l'un de l'autre
appartenions à: étions de □ **c'est-à-dire**: apporte une précision (la ville éternelle, c'est-à-dire Rome)
occupais: tenais □ **cependant**: mais
j'entends: je veux dire
à la longue: avec le temps □ **éviter**: empêcher d'arriver
...me recevoir: (ne voulut jamais) me recevoir, **...se départir, ...cesser** □ **des tiers**: d'autres gens □ **se départir**: renoncer à
propos, m.: paroles
témoigna: montra par son attitude
oublia: perdit la mémoire (de qqch. ou de qqn.) □ **m'enquis si**: fis une enquête, m'informai pour savoir si □ **prévenu(e)**: en garde, averti □ **tant**: un si grand nombre □ **commun(s)**: mutuel
des gens = certaines personnes
ne point: ne pas

le corps est protégé par la **peau**
tant: tellement, à tel point □ **uni(e)**: lisse, sans aspérités
lumière: partie plus claire □ **ravin**: pli profond □ **décoloré(e)**: sans couleur □ **voûté(s)**: en forme d'arc □ **adouci(s)**: rendu plus doux □ **coulaient**: venaient
dépassait: allait plus loin que □ **huitième arrondissement**: quartier très chic de Paris □ **ajouter...foi**: croire

pousser plus loin: progresser □ **en fus pour**: perdis l'argent de mes concerts. Je quittai Paris, il y a trois ans, pour un très long voyage, sans qu'elle eût jamais changé de visage.

Dans les premiers temps, il m'arriva de m'appuyer à son souvenir, mais ma mémoire visuelle — ce seul bâton de vieillesse de mes aventures — elle-même me trahit. L'image de Marie-Louise, comme toutes celles des personnes auxquelles on va ne plus penser, grandit, s'anémia à force de croissance, puis se pencha, et disparut dans cette dissolution poisseuse, chargée de déchets organiques qui porte le nom inutilement abstrait d'oubli...

Quelques années plus tard, je naviguais à cinq mille kilomètres de Paris. Depuis deux jours, nous avions quitté la terre au milieu d'une tempête que rien n'épuisait. Comme il faisait très chaud, je dormais le jour dans ma cabine, où l'on m'apportait du bouillon froid et les radios. À minuit, je montais sur le pont et j'y demeurais jusqu'à cet avertissement vert, à bâbord : le premier signe du jour. Chaque matin, peu après trois heures, sans que s'abaissassent les vagues, collines molles frottées de lune, le vent faiblissait. J'en profitais pour faire de la marche ou de la course, sans bruit, sur des semelles en caoutchouc. Une nuit, je m'arrêtai devant une cabine de pont, éclairée, dont le hublot n'était pas fermé. Se croyant seule, une jeune femme prenait un bain. Je la voyais nue et mal mouillée, car elle se lavait à l'eau de mer. C'était Marie-Louise. Elle-même ? J'auscultai mes souvenirs : oui, les mêmes yeux violets ouverts au vide, les mêmes cheveux droits ; non, plutôt qu'elle-

quittai: partis loin de

visage, m.: contenance

il m'arriva de: il se trouva parfois que je... □ **m'appuyer à**: me servir de □ **bâton de vieillesse**: (cliché) support moral d'une personne faible □ **me trahit**: m'abandonna

grandit: devint très grande
s'anémia: faiblit □ **à force**: par excès □ **croissance**: action de grandir □ **dissolution poisseuse**: liquide visqueux □ **chargé(e)**: rempli □ **déchet(s)**, m.: surplus jeté après la fabrication
oubli, m.: perte des souvenirs

naviguais: me trouvais sur un navire en mer

épuisait: vidait de son énergie
bouillon: soupe claire, consommé
radio(s): message (radiogramme) □ **pont**: étage supérieur
demeurais: restais □ **avertissement**: signal □ **babord**: la gauche d'un navire par rapport à l'avant (≠ tribord)
s'abaissassent: subjonctif imparfait □ **colline**: hauteur
frotté(es): (ici) coloré □ **j'en profitais pour**: c'était pour moi l'occasion de... □ **course**: jogging □ **sans bruit**: silencieusement
semelle(s), f.: dessous de la chaussure
éclairé(e): avec de la lumière □ **hublot**: fenêtre ronde
se croyant: croyant qu'elle était... □ **prenait un bain**: se lavait
nu(e): sans un vêtement □ **mouillé(e)**: couvert d'eau
auscultai: consultai méthodiquement

vide: espace sans rien □ **(cheveux) droits**: ...sans ondulation

même, quelqu'un qui la reproduisait trait pour trait ; une sœur ? Un surmoulage ? Tout cela rendu avec une telle précision... Je demeurai longtemps dans l'ombre, tour à tour si certain que c'était elle, ensuite que ce n'était plus elle, si attentif, que ma tête tournait. Le long d'un ciel immobile, le paquebot faisait chavirer son cadre noir en cordages. Des deux mains, la jeune femme se tenait à sa baignoire dont l'eau, à chaque coup de mer, se répandait sur le sol.

Je notai le numéro de la cabine. Celle qui l'habitait se nommait Mrs. Amelita W. Le lendemain, je lui fus présenté. C'était l'épouse d'un astronome ; elle allait rejoindre son mari dans les mers du Sud. Elle ne parlait pas français. Lorsque je lui demandai si elle avait quelque parenté avec Marie-Louise R., elle me regarda sans comprendre. Elle n'était jamais venue en France, ni même en Europe ; elle n'y connaissait personne.

La première chose qui tombe à la mer, au cours d'une longue traversée, c'est le temps. Je ne puis déterminer les heures qui s'écoulèrent entre ces premières paroles et la nuit où Amelita cessa de se débattre et où je l'installai près de moi, sur le pont, dans des coussins faits avec les drapeaux de nations étrangères. Le plaisir que je pris fut d'abord indirect ; quand je la touchais il me semblait qu'à cinq mille huit cents kilomètres, au 26 de la rue Miromesnil, ce doigt faisait ponctuellement éclater une sensation chez Marie-Louise. Les mystiques assurent qu'aucune prière n'est perdue à travers les espaces ; aucun baiser non plus. À distance je me vengeais de Marie-Louise ; j'envoûtais quelqu'un qui m'était hostile, mais, au lieu d'une effigie de cire, j'obtenais pour cet enchantement le concours le plus animé. Naturellement

trait pour trait: exactement (**trait**: ligne, marque distinctive)
surmoulage: forme tirée d'un objet moulé □ **rendu**: exécuté
ombre ≠ lumière □ **tour à tour**: alternativement
si...que: tellement, à un tel degré...(de même, si attentif...) que

paquebot: grand navire □ **chavirer**: (ici) danser □ **cadre noir en cordages**: les cordages (cables) forment un dessin structuré
baignoire: on y prend un bain pour se laver □ **coup**: choc □ **se répandait**: était versé(e) largement
numéro: nombre dans une série ordonnée

lui fus présenté: qqn. me l'a fait connaître □ **épouse**: femme

parenté, f.: lien qui unit plusieurs personnes d'une famille

tombe(r) à la mer: être projeté du navire accidentellement
traversée: voyage sur mer □ **puis** = peux (pouvoir)
s'écoulèrent: passèrent
se débattre: se défendre
dans des: au milieu de
drapeau(x): l'Union Jack est un drapeau étranger (d'un autre pays) □ **d'abord**: au début □ **il me semblait**: j'avais l'impression □ **rue Miromesnil**: rue du huitième arrondissement
faisait...éclater: provoquait brusquement □ **ponctuellement**: juste au même instant □ **assurent**: affirment
prière: paroles adressées à Dieu □ **à travers**: en parcourant
je me vengeais: j'obtenais une vengeance
j'envoûtais: je subjuguais par magie
cire, f.: substance molle (produite par les abeilles)
concours: participation

Amelita me facilitait les choses :

« Je ne sais ce qui, avec vous, m'interdit toute ruse, soupirait-elle. Jamais je n'ai été ainsi. Dès le premier jour, il m'a semblé que je vous connaissais déjà. »

Oserait-on dire que le monde est peuplé de correspondances inconnues, d'allusions vivantes, d'invisibles symétries ? Nos actes ont-ils double face ? Ou ne sont-ils que réfraction, comme ces rayons qui, traversant certains cristaux, se divisent en deux ?

À la tempête chaude, le paquebot se livrait sans conditions. Pour plus de fraîcheur, des passagers venaient, comme nous, dormir sur le pont. Ils jonchaient le plancher, pareils à des morts à la fin d'une tragédie. La mer, soudain, prenait la place du ciel, puis le ciel, la jetant à bas, remontait. On entendait tomber les assiettes, et les verres oubliés dans le fumoir se briser comme les glaces des boutiques dans une émeute ; parfois le steward passait à quatre pattes, une cuvette entre les dents.

Dix-sept nuits coulèrent ainsi. Amelita et moi nous aimâmes comme l'on s'aime quand on n'a absolument rien de mieux à faire. À la première escale, elle descendit. Je ne la revis jamais.

Je revins, heureux comme un déserteur amnistié. Paris prenait sa belle pelure de printemps. La tour Eiffel n'avait pas encore de feuilles. Quelques jours après mon arrivée, je rencontrai Marie-Louise. Elle me reconnut, et à mon étonnement, m'envoya, la première, un sourire ; elle avait des dédommagements plein les yeux.

« Pourquoi suis-je contente que vous soyez rentré ? » me dit-elle.

facilitait: rendait plus facile(s)
m'interdit toute ruse: m'empêche d'être rusé(e) ☐ **ruse**: faux semblant, feinte ☐ **soupirait-elle**: disait-elle avec un soupir (respiration sonore qui exprime la résignation)
oserait-on...?: aurait-on le courage de...? ☐ **peuplé**: rempli
vivant(es): animé d'une sorte de vie
face, f.: aspect ☐ **(avoir) double face**:... un autre sens, tenu secret ☐ **rayon(s)**: trait de lumière (rayons x) ☐ **traversant**: parcourant d'un bout à l'autre ☐ **se divisent**: se séparent

se livrait: s'abandonnait (inversion: se livrait à la tempête)
fraîcheur ≠ chaleur
jonchaient: couvraient un peu partout
plancher: espace où on peut marcher ☐ **pareil(s) à**: comme

jetant à bas: renversant, faisant tomber ☐ **assiette(s), f.**: pièce de vaisselle où on met son repas ☐ **fumoir**: on y fume entre amis ☐ **briser**: casser ☐ **glace(s), f.**: vitrine ☐ **émeute**: soulèvement du peuple, révolte ☐ **à quatre pattes** (= jambes): marchant comme un animal ☐ **cuvette**: récipient ménager

escale: port où un navire s'arrête peu de temps
revis (revoir): rencontrai de nouveau

revins (revenir): rentrai, mon voyage fini
pelure: (ici au figuré) manteau, couverture ☐ **La tour Eiffel...**: ce célèbre monument de Paris est entouré d'arbres

m'envoya... un sourire: me regarda vivement en souriant
dédommagement(s), m.: compensation pour les dommages causés ☐ **rentré**: revenu à la maison (chez vous)

143

Grammar throughout the Stories

Give the French version of the following sentences translated from the original text. (The first number refers to the page, the second to the line):

She counted among her pets *some of my (school)-friends* (plural indefinite pronoun, 136 - 6).

Never did she forget to forget me (136 - 18).

A skin which seemed an imitation of skin, *so pale, so smooth it was* (136 - 24).

The mental picture of Marie-Louise, like all *those* of people *(whom)* one is going to think of no longer, grew (agreement of demonstrative pronoun; introduction of relative pronoun, 138 - 8).

At midnight, I *used to go up* on deck (habitual action, 138 - 20).

Every morning, a little after three o'clock, the wind dropped, *without* the waves, soft hills touched with moonlight, *subsiding* (dependent clause with imperfect subjunctive after *sans que* replaces gerund, 138 - 22).

Believing herself (to be) alone, a young woman was taking a bath (138 - 28).

The whole rendered with *such precision* (indefinite article precedes *telle*, 140 - 2).

I noted the number of the cabin. *The woman (she)* who occupied it was called Mrs Amelita W (demonstrative pronoun, 140 - 10).

She *had never been* to France, *or* even to Europe (venir, 140 - 16).

I cannot say how many hours elapsed between those first words and the night *when* Amelita ceased struggling and I settled her on the deck near me (*où* denoting time, 140 - 19).

The mystics assure (us) that no prayer is lost in space, *nor is any kiss* (non plus, 140 - 27).

"Why am I pleased that you *are back*?" she said to me (subjunctive after verb expressing feeling 142 - 31).

LA FIANCÉE

Jean-François Coatmeur (1925-)

Jean-François Coatmeur, né à Douarnenez dans le Finistère, est resté fidèle à sa Bretagne natale. Il a été professeur de lettres classiques à Brest, y habite toujours et continue d'y écrire des romans. Il en a fait paraître seize et la plupart d'entre eux ont été réédités. C'est ainsi qu'on peut trouver dans « Le Livre de Poche » : *Les Sirènes de minuit* (grand prix de la littérature policière 1976), *La Bavure* (prix Mystère de la Critique 1981), *La Nuit rouge* (1984), *Yesterday* (1985).

Nombre de ses œuvres ont été adaptées à la télévision : *Le Squale* pour la télévision polonaise en 1976, *La Bavure* pour Antenne 2 et la télévision japonaise, *Morte Fontaine* et *Les Sirènes de minuit* pour Antenne 2 en 1989. Le cinéma s'intéresse aussi aux livres de Jean-François Coatmeur : *La Nuit rouge*, récemment en long métrage et *La Fiancée,* nouvelle de 1983, court métrage d'Olivier Bourbeillon.

Cette « fiancée » est bien jeune, lorsqu'elle s'éprend d'un beau garçon très sympa avec une moto splendide. Mais rien n'est banal dans ce récit accroché d'une manière saisissante au vécu. Évelyne, qui menait une existence lugubre, atteint en quelques pages la dimension des héroïnes inoubliables.

Elle s'appelait Évelyne. Un jour, il y avait très longtemps, elle avait eu treize ans...

Les deux femmes habitaient la ville depuis peu — un rez-de-chaussée gris de la triste rue de la République, où le soleil ne se risque qu'à temps perdu, par charité. La mère était femme de peine à l'hôpital, une noiraude aux bandeaux sévères, toujours pressée, toujours rasant les murs, partant tôt, rentrant tard le soir, l'épaule cassée par le lourd cabas aux provisions. Évelyne, elle, ne faisait jamais les courses. Elle aurait bien aimé, mais sa mère disait non, ma pauvre Évelyne, qu'elle n'en était pas capable. Elle ne travaillait pas ; par tous les temps, elle promenait le chien Sacha, un bâtard placide noir et blanc à l'oreille gauche tronquée. Quand Sacha était fatigué, ou bien elle, Évelyne s'asseyait dans le square, sur le même banc à l'entrée, et restait un long moment à rêver en surveillant le bâtard, qui s'ébrouait sur la pelouse.

Ce fut là qu'elle le rencontra, un après-midi de mai fourmillant de soleil et de bruissements d'insectes. Au loin, la rade n'était qu'une flaque d'argent, sur laquelle de petites barques évoluaient, comme des ballerines. Le garçon vint s'installer sur le banc. Il était jeune et beau, vêtu d'un Levis blanc et d'une chemise bleu pastel déboutonnée jusqu'au ventre. À son poignet, une large plaque à la chaîne torsadée. Évelyne se déplaça un peu sur le siège, et le garçon sourit, exhibant une denture éclatante : « Je te fais peur ? »

Elle secoua la tête. Elle n'avait pas peur, mais elle ne le connaissait pas, et sa mère lui avait dit, ne parle pas aux étrangers.

« Comment tu t'appelles ? »

elle s'appelait : son nom était

depuis peu = depuis peu de temps □ **un rez-de-chaussée :** petit appartement situé au niveau de la rue □ **triste** ≠ joyeux
se risque : s'aventure □ **à temps perdu :** quand il n'a rien à faire
femme de peine : ...son travail est dur □ **noiraud(e) :** brun
bandeau(x) : tissu serrant la tête □ **pressé(e) :** en hâte □ **rasant les murs :** marchant tout contre... □ **tôt** (≠ tard) : avant le temps normal □ **cabas :** large panier
faisait...les courses : allait acheter les choses nécessaires
en = de cela (faire les courses)
par tous les temps : qu'il y ait du beau ou du mauvais temps
promenait : faisait prendre l'air
oreille, f. : on entend avec ses oreilles □ **tronqué(e) :** mutilé
square : petit jardin public !
banc : siège pour plusieurs personnes
rêver : imaginer □ **surveillant :** gardant l'œil sur □ **s'ébrouait :** se secouait, s'agitait vivement □ **pelouse :** terrain recouvert d'herbe cultivée
fourmillant : rempli abondamment □ **bruissement(s) :** bruit faible
rade : grand bassin formant un port □ **flaque :** de l'eau à terre
barque(s) : petit bateau □ **évoluaient :** bougeaient

ventre : abdomen □ **poignet :** attache de la main et du bras
torsadé(e) : tordu comme un câble □ **se déplaça :** se retira
denture : ensemble des dents
éclatant(e) : brillant, étincelant □ **fais peur :** effraie
secoua : remua (pour dire non)

un étranger : qqn. qu'on n'a jamais vu

Elle marqua un temps, dit : « Évelyne. »

« Évelyne ! C'est un chouette nom ! Tu fais quoi au juste dans la vie ? »

Elle dit : « Rien, je garde Sacha. »

Il ouvrit une bouche toute ronde, et éclata de rire. Il se rapprocha, l'examina attentivement : « Tu as de beaux yeux. »

C'était vrai, mais personne ne lui avait encore dit. De grands yeux bleu pâle, sans fond.

« Pas de copain ? »

Elle dit non.

« Les week-ends, qu'est-ce que tu fabriques ? »

Elle dit : « Rien, je promène le chien. »

Il se mordit la lèvre : « Tu as quel âge ? »

Elle haussa les épaules. Difficile de répondre. Elle avait eu treize ans, un jour, et depuis sa mère disait qu'elle n'avait plus vieilli. Il dit encore : « Je te trouve très sympa. Dis donc, si on s'offrait une balade tous les deux ? »

Les paupières d'Évelyne battirent : « Une balade ?

— J'ai ma Yamaha, tout près. Déjà fait de la moto ? »

Elle dit non, jamais. Il se leva : « Allez, je t'enlève ! »

Elle le regarda. Il était vraiment très beau dans le contre-jour, avec sa peau hâlée et ses dents étincelantes. Et il y avait le soleil, le ronronnement des insectes autour des massifs, toutes ces voiles blanches sur la mer...

« Il faut que je ramène Sacha.

— Tu habites loin ? »

Elle désigna les hauts immeubles austères : « Derrière.

marqua un temps: fit une pause
chouette: joli (très familier) □ **tu fais quoi...?** = quel est ton travail? □ **au juste**: précisément

éclata de rire: rit très fort
se rapprocha: se plaça plus près d'elle

sans fond: très profond(s)
copain: ami (familier, comme tout le langage de ce garçon)

...tu fabriques? = ...tu fais? (à quoi passes-tu le temps?)

se mordit: saisit avec ses dents □ **lèvre**: les deux lèvres ferment la bouche □ **haussa les épaules**: fit un mouvement avec le haut des bras (pour exprimer le doute, l'embarras)
vieilli: avancé en âge
sympa: sympathique □ **si...?** = dirais-tu oui si...? □ **on s'offrait une balade**: on s'accordait le plaisir d'une promenade
paupière(s), f.: ce qui ferme l'œil □ **battirent**: tremblèrent
...fait de la moto? = (as-tu) été sur une moto? (motocyclette)

se leva: se mit debout □ **allez!**: c'est décidé □ **je t'enlève**: je t'emmène de force
contre-jour: lumière derrière l'objet regardé □ **hâlé(e)**: bronzé
ronronnement: bruit étouffé régulier (ronronnement du chat)
massif(s): ensemble de plantes □ **voile(s)**: bateau à voile

ramène: conduise à la maison

désigna: montra □ **immeuble(s)**: édifice d'habitation

— Je t'accompagne. »

Il l'aida à emprisonner sous le casque sa chevelure de miel, s'amusant de sa gaucherie : il n'arrêtait pas d'être de bonne humeur. Dans le rétroviseur elle cueillit sa propre image, et elle rit de se découvrir si changée. Elle grimpa derrière lui, posa ses mains sur ses hanches.

« Accroche-toi, je fonce ! »

Ils roulèrent longtemps, loin de la ville ; elle n'allait nulle part, elle connaissait le quartier de la République et le square, et puis c'était tout. La route frôlait la mer rose toute peuplée d'écueils vernissés, on aurait dit une colonie d'animaux endormis. Le vent de la course lui flagellait le visage ; sous ses mains crispées, elle sentait vivre le corps tiède de son compagnon. Parfois il tournait la tête : « Ça va ? »

Et elle disait « ça va ! » La brise iodée emportait les mots jusqu'au ciel.

Il arrêta la moto sur la dune verte, moelleuse comme un tapis.

« On va se dégourdir les jambes, dit-il. Tu viens ? »

Aussitôt il lui entoura la taille. Elle se mit à trembler, mais ne se défendit pas. Ses joues étaient brûlantes, couturées par le vent et le sel des embruns. Sur l'herbe rase leurs deux ombres jointes s'étiraient, immenses.

« Évelyne, reprit-il, oui, j'aime bien ton nom.
— Et toi ? dit-elle.
— Roger. »

Roger. Plusieurs fois de suite elle se dit les deux syllabes, Roger. Elle était heureuse. Elle avait presque oublié la rue grise, le chien Sacha et sa mère qui toujours soupirait, la pauvre Évelyne. Ils s'assirent dans un creux de la dune, il l'embrassa et elle eut très envie

emprisonner: enfermer □ **le casque** protège la tête
miel: couleur du miel (produit des abeilles) □ **gaucherie**: façon d'agir maladroite □ **rétroviseur**: miroir de la moto □ **cueillit**: eut une vision rapide de □ **si**: tellement
grimpa: monta en faisant un effort □ **hanche(s)**, f.: partie du corps □ **accroche-toi**: tiens-toi fortement □ **fonce**: vais très vite
roulèrent: allèrent (à moto)
nulle part: (vers) aucun lieu précis
frôlait: passait tout près de
peuplé(e): rempli □ **écueil(s)**: rocher bas sur la mer
course: trajet effectué rapidement
flagellait: frappait (d'un fouet) □ **crispé(es)**: contracté
tiède: un peu chaud

brise: vent léger □ **iodé(e)**: contenant de l'iode

moelleuse: douce
tapis: pièce de tissu épais qui couvre le sol dans une maison
se dégourdir les jambes: prendre un peu d'exercice
entoura: passa un bras autour de □ **taille**: milieu du corps
ne se défendit pas: se laissa faire □ **joue(s)**: le nez est entre les deux joues □ **couturé(es)**: marqué □ **embrun(s)**: projections d'eau de mer □ **ras(e)**: court □ **ombres...s'étiraient**: les profils de leurs corps s'allongeaient □ **reprit**: dit après un silence

oublié: perdu le souvenir de
soupirait: disait en respirant fort
creux: cavité □ **embrassa**: donna un baiser

de pleurer. Il décolla ses lèvres :

« C'était la première fois ? » Elle renifla, dit oui, évidemment. Il dit « quel gâchis », la renversa contre le sable, se coucha sur elle...

Le jour basculait, la côte déjà n'était plus qu'une ligne d'encre noire. Un oiseau vers la mer jetait un long cri rouillé. Le garçon se releva, dit voilà. Elle ne bougeait pas. Le sable sous sa nuque grésillait.

« Roger ?
— Oui ?
— Est-ce que tu m'aimes ?
— Mais bien sûr ! Ç'a été extra !
— Alors, est-ce que... »

Elle chercha ses mots avec efforts, dit gravement :
« ... Je suis ta fiancée ? »

Il rit de bon cœur. Elle aimait quand il riait.

« C'est ça, ma fiancée ! Tiens, en passant rue de Paris, on s'arrête au bar des Sports, et je te présente aux copains. D'accord ? »

Cela lui aurait fait bien plaisir. Mais elle pensa à sa mère et à Sacha. Elle se redressa, dit : « Il est tard, je rentre à la maison. »

Il la déposa devant l'immeuble.

« Roger, tu reviendras ? Je serai sur le banc, dans le square. »

Il dit, c'est d'accord, à demain. Le mugissement du gros engin recouvrit son rire léger.

« D'où est-ce que tu viens à pareille heure ? » s'inquiéta sa mère à la porte.

Elle sourit d'un air de mystère, dit : « Je me suis promenée. »

Elle n'ouvrit pas la bouche au cours du dîner, se retira

décolla : ôta (comme si elles étaient collées)
renifla : fit du bruit avec son nez
gâchis : perte stupide, gaspillage □ **renversa :** rejeta en arrière
se coucha : s'allongea
basculait : tombait
encre : liquide avec lequel on écrit □ **jetait :** faisait entendre
rouillé : (ici) abîmé, mal fait □ **voilà** = c'est fini □ **bougeait :** remuait □ **nuque :** arrière du cou □ **grésillait :** faisait un bruit très léger

bien sûr : évidemment □ **extra :** merveilleux (familier)

de bon cœur : franchement
c'est ça = tu as raison □ **tiens :** alors donc

d'accord ? = est-ce que tu acceptes ?

se redressa : se remit assise

déposa : laissa

mugissement : cri prolongé (comme celui d'une vache)
engin : machine ! (la moto) □ **recouvrit :** fut plus sonore que
à pareille heure = si tard, à une heure si inhabituelle
s'inquiéta : dit avec inquiétude

au cours du : pendant tout le

vite dans sa chambre, oubliant même d'embrasser le chien Sacha. Elle se déshabilla, s'inspecta dans la glace de l'armoire, minutieusement. Elle se coucha et s'endormit, la tête vibrante de musiques et de couleurs crues, en se murmurant comme une prière. Roger, je suis sa fiancée.

Elle l'attendit sur le banc du square tout l'après-midi. À 6 heures, elle reconduisit Sacha à l'appartement et repartit. Elle gagna la grande artère centrale. Elle se rappelait un nom qu'il avait prononcé la veille, le bar des Sports. Avant de lire l'enseigne, elle remarqua l'attroupement des motos qui stationnaient en désordre sur le trottoir. Elle eut un instant de panique, puis elle franchit résolument la double porte ouverte, dit à l'homme du comptoir : « Est-ce que Roger est là ? Je suis sa fiancée. »

Il la dévisagea d'un air très surpris, appela vers le fond : « Roger, c'est pour toi ! Allez-y, Mademoiselle », ajouta-t-il, très poliment.

Elle s'ouvrit un passage parmi les consommateurs accoudés au bar, clignant des yeux dans le brouhaha et le brouillard des cigarettes. Elle le reconnut au milieu d'une bande de jeunes attablés, garçons et filles mêlés, qui buvaient et discutaient joyeusement. Quand elle fut devant lui, il lui adressa un signe amical :

« Salut, toi ! Comment déjà tu t'appelles ?
— Évelyne.
— Ah oui, Évelyne... »

Il suivit une pensée, gloussa, arrondit le bras, annonça : « Les amis, je vous présente ma fiancée ! »

On se récria avec des petits rires, on se leva, on la complimenta, on se serra pour lui ménager une place

se déshabilla : enleva ses vêtements
armoire, f. : meuble pour ranger les vêtements □ **minutieusement :** méticuleusement □ **cru(es) :** violent
comme une = une sorte de □ **prière :** demande (faite à Dieu)

re- : en sens inverse (reconduisit), ou à nouveau (repartit)
gagna : arriva à □ **artère :** (ici) rue à gros trafic

enseigne, f. : emblème d'un magasin éclairé électriquement
attroupement, m. : rassemblement menaçant
trottoir : bord de la rue réservé aux piétons
franchit : passa la limite de
comptoir : bar où on boit debout

dévisagea : regarda avec insistance (pour l'identifier)
fond : partie du bar éloignée de l'entrée □ **allez-y :** avancez
ajouta : dit en plus
consommateur(s) : client d'un bar ou d'un restaurant
accoudés : le coude mis sur □ **clignant :** fermant □ **brouhaha :** tumulte □ **brouillard :** vapeur qui monte du sol
attablé(s) : installé autour d'une table □ **mêlé(s) :** ensemble
buvaient : imparfait de boire □ **discutaient :** débattaient
adressa... : fit
salut ! = bonjour ! (familier) □ **déjà** (ici) = répète-moi

gloussa : rit avec de petits cris □ **arrondit :** fit un geste avec

se récria : manifesta vivement sa surprise et sa joie
se serra : se poussa l'un contre l'autre □ **ménager :** faire

auprès du garçon. Quelqu'un décréta que ça s'arrosait.

On lui avança un verre, elle but, un liquide jaune très odorant qui la fit tousser, ou bien était-ce toute cette fumée ? Comme dans un songe, elle contemplait Roger, son visage de soleil et ses dents qui brillaient. Il l'enlaça, l'embrassa à pleine bouche, mouilla ses lèvres au verre qu'elle tenait. Puis il la souleva au coude, s'inclina avec galanterie : « On va danser. »

La bande applaudit, et il commença à la faire virer entre les tables. Elle n'avait jamais dansé, sa tête aussitôt s'emplit de nuées, et elle se laissa aller entre les bras musclés, pendant qu'autour on battait des mains. Deux fois ils s'arrêtèrent, le temps qu'on lui reserve de cet alcool chaud, si parfumé, et le tourbillon reprenait. Les tympans d'Évelyne sifflaient, dans son cerveau c'était comme si tout s'était détaché et basculait, s'emmêlait. Mais elle ne se plaignit pas, elle ne cria pas : assez ! Rageusement elle s'accrocha à lui, dents serrées, bloquant la nausée sauvage qui lui gonflait l'estomac. Jusqu'au moment où ses jarrets se cassèrent, et elle dérapa, glissa entre ses mains comme une couleuvre, vint s'abattre sur un guéridon. Elle perçut le fracas des verres qui se brisaient, une cascade d'exclamations, et puis une grosse voix grondante : « Cessez donc de tourmenter cette pauvre gosse ! Vous voyez bien qu'elle a son compte ! »

Elle ne sut pas qui l'avait escortée jusqu'à la porte de l'appartement. Elle se rappelait seulement sa mère qui la soutenait aux aisselles et en pleurant l'aidait à se coucher.

Elle fut très malade. Le médecin vint à plusieurs reprises rue de la République, il la questionna. Mais elle

décréta: décida □ **ça s'arrosait**: il fallait boire pour célébrer l'événement (arroser: verser de l'eau) □ **avança**: mit près d'elle
odorant: sentant fort □ la gorge irritée fait **tousser**
fumée (des cigarettes) □ **songe**: rêve
l'enlaça: la prit en la serrant fort
mouilla: mit dans un liquide, trempa
souleva: fit se mettre debout □ **s'inclina**: abaissa la tête

virer: tourner sur elle-même
aussitôt: immédiatement
s'emplit: devint pleine de □ **nuée(s), f.**: nuage (poétique)
battait des mains: applaudissait en mesure
le temps qu': juste assez de temps pour que □ **resserve**: serve à nouveau □ **tourbillon**: tornade □ **reprenait**: recommençait
sifflaient: vibraient comme un sifflet □ **cerveau**: intérieur du crâne □ **basculait**: perdait son équilibre □ **s'emmêlait**: devenait confus □ **se plaignit**: (plaindre) montra son mécontentement
rageusement: prise de rage
gonflait: faisait grossir
jarret(s): arrière du genou □ **se cassèrent**: plièrent
dérapa: partit soudain de côté □ **couleuvre**: serpent
s'abattre: tomber □ **guéridon**: petite table ronde □ **perçut**: entendit □ **fracas**: bruit sec et violent □ **se brisaient**: étaient cassés □ **grondant(e)**: grave, d'un ton de réprimande □ **cessez donc...!**: arrêtez vraiment...! □ **gosse, m. et f.**: enfant □ **elle a son compte**: laissez-la; elle est K.O.
sut: passé simple de savoir
se rappelait: avait en mémoire
soutenait: empêchait de tomber □ **aisselle(s), f.**: dessous de l'épaule
à plusieurs reprises = plusieurs fois

157

se contenta de répondre, je me suis promenée, on ne put rien lui arracher d'autre. Un jour, sa mère lui dit qu'elle était guérie. Alors elle recommença à sillonner le quartier avec le chien Sacha et à s'asseoir sur le banc du square lorsqu'ils étaient fatigués.

Ils se retrouvèrent, en ce même endroit, par un autre bel après-midi gorgé de soleil et d'insectes fous. Elle tressaillit au grondement d'un moteur proche, et elle le vit qui ôtait son casque au bord du trottoir et qui s'avançait vers elle, les pouces dans les poches de son jean.

« Salut, dit-il.

— Salut », répondit-elle.

Elle regardait au-delà de lui, vers la mer argentée où dansaient les grands oiseaux blancs.

« Ça fait une paye, hein, qu'on ne s'est pas vus ! Souvent, en passant, je jetais un œil sur le banc...

— J'ai été malade, dit-elle.

— Ah... »

Il restait debout à se balancer d'un pied sur l'autre. Il toussota :

« Je voulais te dire... On a été moches, l'autre jour. On avait tous pas mal éclusé, tu comprends, et... »

Elle dit : « C'est rien » ; répéta : « J'ai été malade. » Elle paraissait se désintéresser de sa présence, elle regardait la mer laiteuse, très loin.

« Ça me rassure, dit-il, que tu le prennes comme ça. On se fait des idées... » Il consulta son bracelet-montre : « Eh ben alors...

— Roger, dit-elle, J'aimerais...

— Oui ?

— Une balade, tu veux bien ? Comme l'autre fois. »

se contenta de : se limita à
arracher : faire dire, extraire
guéri(e) : qui n'est plus malade □ **sillonner :** parcourir dans tous les sens □ **quartier :** partie d'une ville

retrouvèrent : rencontrèrent une seconde fois
gorgé : plein □ **fou(s) :** dont l'agitation était considérable
tressaillit : sursauta □ **grondement :** bruit puissant et étouffé
vit : verbe voir □ **ôtait :** enlevait □ **bord :** limite
pouce(s), m. : le plus court et plus gros des doigts

argenté(e) : couleur de l'argent (métal précieux blanc)

ça fait une paye : ça fait bien longtemps □ **hein :** n'est-ce pas ?
jetais un œil sur : regardais vite vers

se balancer : osciller
toussota : toussa un peu, fit un peu de bruit avec sa gorge
moche(s) : laid et méchant
éclusé : bu (très familier ; écluse, f. : passage où un bateau change de niveau sur un canal)
paraissait : semblait □ **se désintéresser de :** ne pas prêter attention à □ **laiteuse :** ayant l'aspect du lait, blanche
le prennes comme ça : ne te fâches pas pour cela (le : ce qui s'est passé) □ **se fait des idées :** ...des idées fausses ! □ **bracelet-montre :** montre portée au poignet □ **eh ben alors... :** bon, dans ces conditions, je peux m'en aller

veux bien ? : acceptes ?

Il éplucha le visage impassible, dit, troublé : « Si ya que ça pour te faire plaisir... »

Elle appela le chien Sacha, noua la laisse au pied du banc, sourit :

« Je le reprendrai au retour. »

... Ils arrivaient à la corniche sinueuse. Elle se pencha à son oreille : « Plus vite ! »

Il cria OK ! et fouetta sa machine. Elle embrassa d'un long et lent regard la mer criblée de soleil, le troupeau bleu des brisants étalés sur l'eau violette. Brusquement, elle propulsa ses deux mains en écran devant la visière du conducteur.

Au crépuscule, un goémonnier découvrait les deux corps entre les rochers, à plusieurs mètres de la Yamaha démantibulée.

Elle s'appelait Évelyne. Elle avait eu treize ans, un jour, il y avait bien longtemps...

éplucha : examina □ **si ya que ça...** = s'il n'y a que cela... (s'il n'en faut pas plus...)
noua : attacha □ **laisse** : corde servant à tenir un chien

corniche : route en hauteur au-dessus de la mer □ **se pencha** : s'inclina vers
fouetta : accéléra vivement □ **machine** : moto □ **embrassa d'un...regard** : regarda dans sa totalité □ **criblé(e)** : couvert des marques (du soleil) □ **brisant(s)** : écueil □ **étalé(s)** : étendu
écran : objet qui cache la vue □ **visière** : partie transparente du casque, devant les yeux
crépuscule : lumière de la fin du jour □ **goémonnier** : qqn. qui ramasse du goémon (plante marine) □ **rocher(s), m.** : masse de pierre dure □ **démantibulé(e)** : en morceaux

Grammar throughout the Stories

Give the French version of the following sentences translated from the original text. (The first number refers to the page, the second to the line):

The two women *had been living in* the town for a short while (verb tense with *depuis*, 146 - 3).

Evelyne, *for her part,* never did the shopping (emphatic use of disjunctive pronoun, 146 - 9).

He was young and handsome, dressed in white Levis and a *pastel blue shirt,* unbuttoned down to the waist (abdomen) (invariable compound adjective of colour, 146 - 23).

What exactly do you do in life? (incorrect use of *quoi* forming colloquial interrogative; definite article with abstract noun, 148 - 2).

What do you do with yourself at the weekends? (emphatic colloquial word order, 148 - 12).

What about having a run, the two of us? (colloquial wording, 148 - 18).

***"We're going to stretch our legs"*, he said** (*on* as common replacement for *you and I*, 150 - 20).

She had almost forgotten the grey street, the dog Sacha and her mother *forever sighing, "poor Evelyne"* (complete relative clause required; definite article with proper name + qualifying adjective, 150 - 29).

Before reading **the sign, she noticed the crowd of motor bikes** (infinitive replaces gerund, 154 - 11).

She cleared a way for herself among the customers, *leaning with their elbows* on the bar (present participle of verb indicating position replaced by past participle, 154 - 20).

Until *the moment when* her knees gave way and she slipped (relative pronoun *où* denoting time, 156 - 19).

We haven't seen each other **for ages, eh?** (*on* with plural sense determines like agreement of past participle in present-day usage, 158 - 16).

"I'm reassured", he said, "that *you take* it like that" (subjunctive after verb expressing feeling rather than statement, 158 - 27).

LE BOUCHER TUSCO

Annie Mignard

Annie Mignard est née à Nice et vit actuellement à Paris. Après avoir fait des études de lettres classiques et de droit, d'économie, de sciences politiques, elle a tenté divers métiers « transitoires », dont le professorat, pour enfin se consacrer à celui qui lui tient à cœur, écrire. Son premier roman, *La Vie sauve*, a été publié par Grasset en 1981. Elle a donné des articles ou des nouvelles dans *Les Temps modernes* et à la revue *Autrement* (*Écrire aujourd'hui*, 1985). Doivent paraître chez Seghers un roman *Le Père lourd* et un recueil de nouvelles.

Le Boucher Tusco, d'abord publié séparément en juin 1986 (*Le Monde, 40 Nouvelles, V*), est intégré au recueil *Sept Histoires d'amour* (Ramsay, 1987). C'est aussi un coup de foudre qui se passe de nos jours, mais le ciel et la mer d'Italie lui donnent une tonalité et une issue différentes. On dirait un récit d'autrefois, tout d'une pièce et rempli de subtilités, ou, mieux, un poème élégiaque dont les strophes de prose mettent décor et personnages en parfaite harmonie.

Le peintre Sullivan arriva à Calvisio au printemps. La lumière était belle. Il n'y avait pas âme qui vive sur les collines, juste un aboiement de chien qui montait du village. Sullivan met sa voiture à l'abri du soleil sous l'ombre de l'olivier, ouvre la maison comme lui a indiqué Rieti son galeriste, rentre ses sacs dans l'atelier et tout de suite se met à peindre. Depuis tant de mois, il n'y arrivait pas.

10   Les collines sont massives et fortes. Elles sont vertes jusqu'en haut. Sullivan peint. Il est si ému de peindre à nouveau qu'il doit s'arrêter par moments. La joie le fait trembler, c'est comme s'il renaissait. Il voit qu'il pose la lumière sur la toile. Il se dit : « J'ai traîné mon corps par tant de pays. Je suis fatigué. J'ai peint tant de tableaux, j'ai connu tant de gens. Pourquoi ne pas rester ici ? »

Sullivan travaille jusque dans l'après-midi. Alors il a faim. Il descend la route du torrent. Il n'y a qu'un pont
20 à Calvisio, et le torrent qui traverse le village est plein d'ombre. Après le pont, Sullivan fait ses courses. Sur une placette en triangle, il entre dans le bureau de tabac. La boutique est silencieuse, et dans la pénombre d'abord il ne distingue rien. Puis il y a un mouvement. Il voit une belle femme aux cheveux noirs, qui tourne la tête vers lui. Il est si heureux qu'il voudrait mourir. Il demande des cigarettes, des allumettes, puis des timbres, et des enveloppes. Avant qu'il ressorte, ils sont amoureux. Livia est le nom de cette femme. C'est la femme
30 du boucher Tusco.

★

Calvisio: près de Gênes □ **printemps**: la première des 4 saisons
la **lumière** vient du soleil □ **pas âme qui vive** = personne
colline(s), f.: petite montagne □ **aboiement**: cri du chien
à l'abri du...: protégée de la chaleur du...
ombre, f. ≠ lumière □ **olivier**, m.: arbre qui a pour fruit l'olive
galeriste: marchand de tableaux □ **sac(s)**: bagage □ **atelier**:
local où travaille un artiste □ **tout de suite**: aussitôt □ **se met**:
commence □ **n'y arrivait pas**: était incapable de le faire

si: tellement □ **ému**: pris par l'émotion □ **peindre à nouveau**:
recommencer à peindre
renaissait: avait une nouvelle vie □ **pose**: réussit à transposer
toile: pièce de tissu préparée pour un tableau □ **traîné**: déplacé
avec peine □ **tant**: un si grand nombre □ **tableau(x)**, m.:
œuvre d'un artiste peintre □ **gens**, m.: personnes □ **rester**:
vivre
après-midi, m. ou f.: deuxième partie de la journée

traverse: passe au milieu du
fait ses courses: achète ce qui lui est nécessaire
placette: petite place □ **en**: en forme de
pénombre: demi-jour □ **d'abord**: pendant les premiers instants

mourir: ne plus vivre
demande: dit qu'il voudrait □ **timbre(s)** = timbre-poste, que
l'on colle sur l'enveloppe

boucher: homme qui coupe et vend de la viande (aliments tirés
des animaux)

Livia aime, et se met à songer. Elle sent ses passions violentes. Elle sait qu'elles dépendent d'elle. De sa place, elle voit la boucherie de Tusco, qui est près du pont de l'autre côté de la rue. Tusco est jaloux, et Livia fidèle. Elle est née à Calvisio et n'a jamais quitté le pays. Elle connaît Tusco. Elle pense à Sullivan. Le jour elle pense à lui, la nuit elle en rêve. Tout le printemps elle songe.

Ils sont tenus par le cœur. Ils ne peuvent rien faire à ça. Quand ils se voient, ils changent de couleur. Ils ne savent pas quoi dire. Livia tremble, elle veut, elle n'ose pas. Elle va pour parler, son cœur bat, elle sent son trouble sur son visage, elle pense qu'il se remarque et détourne la tête. Elle est heureuse pour des heures. Elle songe tout le printemps.

Sullivan doit repartir mais il ne part pas. Il a le cœur serré, ce n'est pas possible qu'il parte. Calvisio est l'arrière-pays de la mer. L'été, des touristes arrivent. Le jour, ils descendent à Laënas Ligure où sont les plages, le soir ils remontent. Sullivan reste peindre sur la colline, dans la maison de Rieti son galeriste. Il songe à Livia. Il lui parle tandis qu'il peint, il dit son nom. La lumière est vive et belle. Il pense : « Que j'aimerais broyer ces roches et faire mes couleurs moi-même. » La roche est rouge et jaune, et brille sous le soleil. Sullivan s'étend sur la colline de tout son long et pose sa joue contre la terre.

Sullivan est couché sur la pente chaude de la colline. Il a son ventre contre la terre et songe à Livia. Il gémit. Il se dit : « J'ai traîné mon corps par tant de pays. J'ai

songer: se laisser porter par son imagination
dépendent d': sont contrôlées par
boucherie: boutique du boucher
fidèle: elle ne trompe pas son mari

en rêve: rêve de lui (le rêve se produit quand on dort)

tenu(s): retenu, comme un prisonnier

ose: a le courage
va pour: a pris la résolution de □ **bat**: (battre) a de fortes pulsations □ **visage**: face □ **se remarque**: est visible
détourne: tourne d'un autre côté

a le cœur serré: est angoissé

arrière-pays, m.: région située à l'intérieur □ **été,** m.: seconde saison □ **plage,** f.: bord de mer couvert de sable

tandis qu': pendant qu'
que: à quel point □ **broyer**: réduire en poudre □ **roche(s),** f.: pierre
s'étend: se couche
de tout son long: allongé □ **joue**: partie douce du visage

pente: terrain en déclivité
ventre: devant du corps, sous la poitrine □ **gémit**: exprime sa douleur à haute voix

connu tant de gens pour les oublier et j'ai failli ne plus peindre. Je veux rester ici. »

Livia est la femme de Tusco et le soir elle couche dans son lit. Elle se tait. Elle songe, et Tusco fait ses comptes. Il dit : « Tous les autres sont repartis, pourquoi celui-là ne s'en va pas ? Qu'est-ce qu'il trouve à Calvisio ? Qu'est-ce qu'il nous veut ? » Livia sent qu'elle rougit et détourne la tête. Elle répond : « Je ne sais pas. »

Le lendemain, Sullivan descend la route du torrent. Il passe le pont. Sur la placette en triangle, il entre dans le bureau de tabac. Il va vers Livia. Elle dit : « Tusco vous déteste. » C'est comme une eau quand il la touche, un ruissellement qui le baigne. Il lui touche la main, il lui parle. Ils doivent se retrouver.

Ils se retrouvent loin dans les collines, près d'une cascade qui tombe d'une roche grise. Livia est robuste, elle est belle. Il dénoue ses cheveux. Elle pose ses mains sur la peau de Sullivan. Ils brûlent et l'eau les rafraîchit. Ils ont le plaisir et l'amour.

★

C'est une journée ensoleillée et la lumière est vive sur les collines. Sullivan descend à Calvisio parler au boucher Tusco. Il veut lui dire : « J'aime Livia. » Il suit le torrent jusqu'au village, passe le pont et arrête sa voiture sous l'ombre des pins. Puis il entre dans la boucherie. Du tabac, sur la placette en triangle, Livia l'a aperçu. Elle craint ce qui va se passer. Elle ferme sa porte à clef et traverse en toute hâte.

pour: (ici) pour finir par □ **oublier**: perdre la mémoire □ **j'ai failli**: j'ai été sur le point de

se tait: ne dit pas un mot □ **fait ses comptes**: calcule ses profits

elle rougit: sa face devient rouge

ruissellement: eau qui coule de manière continue □ **baigne**: couvre entièrement □ **se retrouver**: aller ailleurs, pour être ensemble
loin: à une bonne distance (du village)

dénoue: défait les attaches de
la peau est l'enveloppe naturelle du corps □ **brûlent**: éprouvent une sensation de vive chaleur

ensoleillé(e): avec beaucoup de soleil

pin(s), m.: arbre conifère
aperçu: vu un instant
craint: redoute, a peur de □ **à clef**: en tournant la clef
traverse: va de l'autre côté de la rue □ **en toute hâte**: vite

Sullivan est entré dans la boucherie, et sent l'odeur douce du sang des viandes. Dehors, sur la route, le soleil se réverbère. Le boucher Tusco est seul; son commis n'est pas là. Tusco est grand et fort. Son cou est large, ses cheveux noirs bouclent court sur son front. Il a remonté ses manches bleues sur ses bras, et son tablier blanc tombe jusqu'au sol. Des deux mains, il manie la viande et le couteau sur l'étal de bois.

10 Quand il voit entrer Sullivan, Tusco le regarde de côté. Il n'a pas le temps de prononcer une parole que Sullivan lui dit: « J'aime Livia. » Tusco saisit sur l'étal son couperet, qui est lourd et tranchant, et le lève au-dessus de sa tête. Le boucher Tusco crie: « N'approche pas. Va-t'en. Je te hais. Quitte le pays ou je vais te tuer. » Le cœur de Livia saute de frayeur. Elle entre dans la boucherie.

Tusco tient son couperet levé, il crie: « Je ne t'ai rien
20 demandé. Je ne te connais pas. Tu es venu ici, et tu veux emmener Livia. Tu ne l'auras pas. Va-t'en ou je te tue! » Quand il entend ces mots, Sullivan se met à le tutoyer aussi: « Tu crois que je le fais exprès? Voilà des mois que je me torture à savoir si j'ai raison ou si j'ai tort. Je ne peux rien y faire! Je ne peux pas faire autrement! »

Le boucher Tusco éclate de rire. Il abat son couperet, il donne un grand coup sur l'étal, dont le chêne se fend.
30 « Attends », dit-il, « tu vas voir, tu vas voir. » Il tire des deux mains sur son couperet pris dans le chêne. Quand elle le voit, Livia a le cœur serré de peur et de pitié. Elle

dehors ≠ dedans
commis: garçon qui aide à tenir un commerce
cou: partie du corps, sous la tête
bouclent: font des boucles, s'enroulent sur eux-mêmes
remonté ses manches: retourné ses bras de chemise □ **tablier**: vêtement de protection sans manches □ **manie**: manipule
le couteau sert à couper □ **étal, m.**: grosse table où le boucher travaille

de côté ≠ en face □ **que**: (ici) quand

couperet: gros couteau de boucher □ **tranchant**: qui coupe bien
approche: viens plus près
hais: déteste
tuer: donner la mort □ **saute**: a un mouvement brusque □ **frayeur**: peur soudaine

emmener: prendre avec toi
tutoyer: parler à qqn. en lui disant tu
exprès: intentionnellement, par provocation
ai raison ≠ ai tort (tort, m.: erreur)

éclate de...: se met à rire brusquement □ **abat**: fait tomber
donne un...coup: frappe □ **chêne**: bois dur □ **se fend**: se craque
tire: cherche à faire sortir
pris dans: retenu par
a le cœur serré: est angoissé(e)

avance jusqu'à l'étal, et dépose les trois clefs de la maison. Elle lui laisse la maison. C'est tout ce qu'elle peut faire pour lui. Elle dit : « Je m'en vais, Tusco. »

★

Comme il voit la voiture noire avec dedans Livia et Sullivan repasser le pont, le boucher Tusco tombe évanoui.

Revenu à lui, il se lamente. Il geint comme un agneau. Il brame comme un enragé. Le boucher Tusco est fou de colère et de douleur. Son couteau à désosser est en acier souple, long et fin. C'est son couteau préféré, il l'aiguise cent fois par jour. Il va le poser dans sa voiture, sur le siège à côté de lui. Il prend aussi son coutelas, arrache son couperet fiché dans le bois de l'étal, et les jette sur le siège, avec son couteau à détailler.

Le boucher Tusco est fou de colère. La douleur lui serre la poitrine. Sa tête lui fait mal à éclater. Il traverse le pont et monte à cent à l'heure la route du torrent qui mène aux collines. Il ne sait pas où se trouve la maison de Sullivan. Il y en a, des maisons isolées sur les pentes. Il cherche des yeux la voiture noire. Mais il est resté évanoui trop longtemps, elle a disparu. Il ne la rattrapera pas. La route bout de soleil, et Tusco ne voit âme qui vive parmi les collines. À l'embranchement, il vire tout d'un coup, rebrousse chemin et redescend aussi vite jusqu'au village. Les villageois ont vu ce qui s'est passé. Ils savent que Tusco est violent. S'il trouve Sullivan, il le saigne comme un cochon. Ils disent entre eux : « Il va arriver un malheur. »

dépose : laisse à un endroit précis

je m'en vais (s'en aller) : je pars

dedans : à l'intérieur
repasser : (ici) repartir, s'éloigner
évanoui : ayant perdu conscience

geint : (geindre) pleure □ **agneau :** animal, petit du mouton
brame : crier (comme un cerf) □ **fou de :** au paroxysme de la...
colère : irritation □ **douleur**, f. : souffrance □ **désosser :** enlever
les os □ **aiguise :** rend bien coupant

siège : place pour s'asseoir □ **coutelas :** grand couteau □
arrache : enlève de force □ **fiché :** planté profondément □ **jette :**
lance □ **détailler :** couper en morceaux (pour la vente au détail)

poitrine : haut du corps où est le cœur □ **à éclater :** au point
d'exploser □ **à cent à l'heure :** très vite (100 kilomètres à...)
mène aux : conduit vers □ **se trouve :** est située

rattrapera : rejoindra □ **bout :** chauffe très fort (bouillir)
âme qui vive = personne □ **embranchement :** endroit où la route
se divise □ **vire :** tourne □ **tout d'un coup :** soudain □ **rebrousse**
chemin : part en sens inverse □ **villageois :** habitant d'un village

saigne : tue en le vidant de son sang □ **cochon :** porc

★

Livia est avec Sullivan dans la maison de Rieti le galeriste. Ils ne pensent pas que Tusco les cherche. Livia a laissé la maison, elle est partie et ne reviendra plus. Et tous le savent. La fureur de Tusco ne veut pas se calmer. C'est une fureur terrible. Il parcourt le village avec ses couteaux de boucher à côté de lui. Il freine dans la poussière devant chacun qu'il voit. Il est en sueur et ses yeux sont rouges. Il tape sur sa portière. Il s'écrie : « Je veux saigner ce cochon de peintre anglais ! Où est sa maison ? Où est-il ? »

Le boucher Tusco montre ses couteaux à côté de lui. L'épicière Asconia, Faënio le café qui joue aux dés avec Lucio, Salviati accoudé au pont, la vieille Antonia, les voisines Betta et Serena qui parlent ensemble, et même Orlando le balayeur, qui a le visage tordu et qui aime bien voir un peu de spectacle, tous répondent : « Je ne sais pas. » Salviati se détourne et regarde l'ombre au fond du torrent. Faënio s'approche : « Sors de ta voiture et pose tes couteaux. Viens avec nous, Tusco. »

Tusco est déjà reparti. Il descend à toute vitesse au garage de Sosibio sur la route de Laënas Ligure. Sosibio sort de l'ombre fraîche au soleil en essuyant le cambouis sur ses bras. « Tu sais toi où est la maison du cochon d'Anglais ! » crie Tusco. « Tu lui as monté sa voiture une fois ! » Sosibio sent Tusco mauvais, il répond : « Qu'est-ce que tu lui veux ? — Rien », grogne Tusco. Il le saisit rudement : « Tu me dis où il est ? » Ils roulent par terre et se battent avec acharnement. Tusco est fort

pensent: ont l'idée
la = (ici) sa propre

parcourt: va dans toutes les rues du
freine: ralentit la voiture
poussière: terre en poudre □ **chacun**: chaque homme □ **sueur**: transpiration □ **tape**: frappe □ **portière**: porte d'auto

montre: fait voir
épicière: marchande □ **le café**: le propriétaire du café! □ **dé(s)**: petit cube dont les 6 faces sont numérotées □ **accoudé au**: un coude posé sur □ **voisin(es)**: qqn. qui habite à côté
balayeur: qqn. qui nettoie les rues avec un balai □ **tordu**: de travers, pas droit

fraîche (frais): un peu froide □ **essuyant**: enlevant □ **cambouis**: graisse épaisse et noircie
monté: livré chez lui (en haut, dans les collines)
mauvais: méchant (S. sent que T. est méchant)
...lui veux: veux de lui □ **grogne**: dit désagréablement
saisit: prend □ **rudement**: brutalement □ **roulent**: tombent sur eux-mêmes □ **se battent**: luttent □ **acharnement**: ténacité

comme un taureau, mais Sosibio nerveux. Il ne laisse personne le battre chez lui. « Va-t'en », dit Sosibio, « tu me fais peur avec tes couteaux. »

Le jour baisse. Tusco a arrêté sa voiture devant sa boucherie et ne bouge pas. Il a peur de ses couteaux, sur le siège à côté de lui. Il n'a plus envie d'eux. Il ne veut plus les voir. Voici qu'Aldo le restaurateur sort de sa maison, tout près, et découvre Tusco, tête basse, dans sa voiture. Ils se connaissent depuis l'école. Aldo aperçoit les lames qui brillent sur le siège avant. Il regarde Tusco au visage. Tusco est blême et tremble. Aldo s'exclame : « Mais que fais-tu ? » Il le conduit dans sa maison et le fait asseoir. Tusco se met à pleurer. Il dit : « Cet homme est mon pire ennemi. Je ne le connais pas. Je ne lui ai rien demandé. Il arrive dans le pays, et il m'emmène Livia. Je le hais de toutes mes forces et si je le vois, je le tue. » Aldo répond : « Tu as tout le temps si tu veux le tuer. »

★

Tusco n'a plus jamais revu Livia ni Sullivan. De sa boucherie il n'aperçoit jamais la voiture noire. C'est comme s'ils étaient morts. Ou comme si cette histoire n'avait jamais existé. Livia vit toujours dans la maison sur la colline avec Sullivan. Le matin, Sullivan descend au bord de la mer acheter ses journaux anglais à la gare de Laënas Ligure. Il ne prend plus jamais la route du torrent qui franchit le pont et passe devant le boucher Tusco. Tous les matins, il fait un détour de trente kilomètres par la route des collines. Livia descend au

taureau: mâle de la vache □ **nerveux**: sec et rapide

jour: lumière du jour □ **baisse**: s'affaiblit
ne bouge pas: reste immobile
a...envie d': désire

lame(s), f.: partie du couteau qui sert à couper
blême: livide, le visage blanc

asseoir ≠ rester debout □ **pleurer**: verser des larmes
mon pire... = le plus grand de mes... (le pire: superlatif de mauvais)

vit: (vivre) habite

bord de la mer: la côte □ **journaux**: pluriel de journal □ **gare**: station des trains
franchit: passe de l'autre côté

village en voiture. Mais si elle traverse le pont, elle oblique par les chemins qui longent le torrent, derrière les maisons où est la boucherie, et rejoignent la route plus bas. Et quand le soir tombe et qu'on n'y voit plus, à partir de chien et loup, du côté du pont, qui peut distinguer une voiture noire qui passe, dans le noir de la nuit ?

oblique : prend une route qui n'est pas directe □ **longent :** suivent □ **rejoignent :** atteignent à nouveau

chien et loup : la tombée de la nuit (« entre chien et loup » = ni le jour ni la nuit)

Grammar throughout the Stories

Give the French version of the following sentences translated from the original text. (The first number refers to the page, the second to the line):

There wasn't *a living soul* on the hills (present participle replaced by relative clause with subjunctive, 164 - 2).

***Joy* makes him tremble** (definite article with abstract noun, 164 - 12).

***Before he goes out again,* they are in love** (subjunctive after *avant que*, 164 - 28).

In the daytime she thinks of him, at night she dreams *of him* (pronoun *en* representing a noun governed by *de*, 166 - 6).

In the daytime, they go down to Laënas Ligure *where the beaches are* (word order after *où*, 166 - 20).

***How* I would love to grind down these rocks and make my colours myself** (exclamatory *que*, 166 - 24).

I very nearly stopped painting (*faillir*+ infinitive, 168 - 1).

He touches *her* hand, he speaks to her (introduction of indirect object pronoun indicating possessor in absence of possessive adjective, 168 - 15).

He hasn't time to utter a word *when* Sullivan says to him "I love Livia" (*que* replacing *quand*, 170 - 11).

I *have been torturing* myself for months trying to decide (to know) whether I am right or wrong (verb tense with alternative to *depuis*, 170 - 24).

"Wait", he said, *"You'll see, you'll see"* (170 - 30).

There are *lots of (them) isolated houses* on the slopes (partitive use of pronoun *en* suggesting quantity, 172 - 23).

Tusco's fury *won't be calmed* (reflexive verb, 174 - 4).

Sosibio comes out of the cool shade into the sun *wiping* the motor oil on his arms (*en* + gerund for action simultaneous with main verb, 174 - 24).

He *no longer ever* takes the road by the torrent (double negative, 176 - 29).

Vocabulaire

The following are over 2000 words found in the stories followed by their meaning in their context.

— A —

abaisser *to lower*
s'abaisser *to subside*
abattre *to bring down*
s'abattre *to fall heavily*
abeille, f. *bee*
abîmé *damaged*
ablette, f. *a bleak (fish)*
aboiement, m. *barking*
d'abord *at first*
abri, m. *shelter*
abriter *to shelter*
accablé *overwhelmed*
accalmie, f. *lull*
accès, m. (de suffocation) *fit*
accord, m. *agreement*
accoudé *leaning on one's elbows*
accoudoir, m. *arm-rest*
accourir *to run to*
accoutumé *accustomed*
accroché *clinging*
s'accrocher à *to hook onto*
accroître *to increase*
s'accroître *to grow bigger*
accueillir *to welcome*
s'acharner *to dog*
acharnement *relentlessness*
achever *to finish*
acier, m. *steel*
acuité, f. *sharpness*
adieu, m. *farewell*
s'adonner *to be addicted*
adouci *softened*
admettre *to admit*
s'affaiblir *to become dim*
affamé *starving*
affreux *frightful*
affût (se mettre à l') *to look for*
afin de *in order to*
agacer *to annoy*
agenouillé *kneeling*
s'aggraver *to get worse*
agir *to act*
il s'agit de *it is about, a question of*

183

agité *shaken*
agneau, m. *lamb*
agonie, f. *last moments*
agonisant *dying*
aigrette, f. *tuft*
aigu *sharp*
aiguiser *to sharpen*
ailleurs *elsewhere*
d'ailleurs *besides*
aile, f. *wing, mudguard (car)*
aîné *elder*
ainsi *thus, so*
(à l') aise *at ease*
aisselle, f. *armpit*
ajouter *to add*
alimentation, f. *food*
allemand *German*
aller, il va, il ira... *to go, he goes, he will go...*
alliance, f. *wedding ring*
alors *then*
alors que *when, whereas*
allongé *lying down*
s'allonger *to lie down*
allumer *to light*
allumette, f. *match*
allure, f. *speed*
altérer *to taint*
amant, m. *lover*
amarre, f. *moorings*
amarrer *to moor*
amas, m. *heap*

ambiant *surrounding*
âme, f. *soul*
amélioration *improvement*
amener *to bring*
amer *bitter*
amertume, f. *bitterness*
ami, m. *friend*
amitié, f. *friendship*
amoureux (de qqn.) *in love*
ampleur, f. *magnitude*
an, m. *year*
ancien (ami) *former*
âne, m. *donkey*
s'anémier *to become anaemic*
angoisse, f. *agony*
angoissé *anxious*
anneau, m. *ring*
année, f. *year*
apaisé *calmed*
apaisement, m. *alleviation*
à peine *scarcely*
apercevoir *to catch sight of*
apeuré *frightened*
s'aplatir *to be flattened*
apparaître *to appear*
appareil, m. *machine*
appartenir *to belong*
s'appeler *to be called*
apporter *to bring*
apprendre *to learn*
s'apprêter *to get ready*

s'approcher *to draw near*
approvisionnement, m. *supply*
appui, m. *support*
appuyer *to lean, press*
après *after*
après-midi *afternoon*
arbre, m. *tree*
arbuste, m. *bush*
arc, m. *bow, arch*
argent, m. (métal) *silver*
argent *money*
argenté *silvery*
armoire, f. *cupboard*
armoiries, f. pl. *coat of arms*
arracher *to tear out*
s'arrêter *to stop*
arrière (d'un bateau) *aft, astern*
arrière-pays, m. *inland region*
arrivée, f. *arrival*
arrondir le bras *to wave one's arm*
arrondissement, m. *urban district*
ça s'arrose! (argot) *let's drink to it!*
arrosé *accompanied with wine*
arroser *to water*
artère, f. *thoroughfare*

asperger *to wash down*
assainir *to improve*
s'asseoir *to sit down*
assez *enough*
assiette, f. *plate*
s'assombrir *to become gloomy*
assommer *to knock senseless*
assourdi *deafened*
assurance, f. *self-confidence*
assurément *surely*
assurer que *to assure*
atelier, m. *workshop, studio*
attablé *at table*
attache, f. *connection, tie*
s'attacher *to devote oneself*
s'attarder *to delay*
atteindre *to reach*
attendre *to wait for*
s'attendre *to expect*
s'attendrir *to soften*
atterrissage, m. *landing*
attirant *attractive*
attraper *to catch*
attrister *to sadden*
attroupement, m. *gathering, crowd*
aube, f. *dawn*
auberge, f. *inn*
audace, f. *audacity*
au-dedans *inside*

au-dehors *outside*
au-dessus *above*
augmenter *to increase*
augurer *to promise, augur*
aumônier, m. *chaplain*
auparavant *previously*
auprès *near*
aurore, f. *dawn*
ausculter *to examine*
aussi *also*
auto(mobile), f. *car*
automobiliste, m. *motorist*
autour de *around*
autre *other*
autrefois *formerly*
autrement *otherwise*
avaler *to swallow*
avant *before*
avant-poste, m. *out-post*
avarie, f. *damage*
avenir, m. *future*
s'aventurer *to venture*
avertir *to warn*
avertissement, m. *warning*
aveuglément *blindly*
avis, m. *opinion*

— B —

babord, m. *port(-side)*
bafouiller *to mumble*
bagage, m. *luggage*
bagnole, f. *jalopy, tin lizzie*
baigner dans *to bask in*
baignoire, f. *bath(tub)*
bain, m. *bath*
baiser *to kiss*
baisser *to lower*
balade, f. *ride*
balai, m. *broom*
balancer *to swing*
balançoire, f. *swing*
balayeur, m. *sweeper*
balbutier *to stammer*
baleine, f. *whale*
ballants (bras) *dangling*
ballot, m. (fam.) *duffer*
banc, m. *bench*
bande, f. *strip, stretch*
bandeau, m. *head-band*
banlieue, f. *suburb*
banquette, f. *bench*
barbe, f. *beard*
barque, f. *small boat*
basculer *to rock*
bataille, f. *battle*
bateau, m. *boat*
bâtir *to build*
bâton, m. *stick*
battre *to beat, clap (hands)*
se battre *to fight*
bavure, f. *slip, error (on the part of the police)*

beau, bel, belle *beautiful*
avoir beau (se priver) *(to deny oneself) in vain*
beaucoup *much*
béni *blessed*
bénin, bénigne *mild*
berceau, m. *cradle*
berge, f. *bank of a river*
berger, m. *shepherd*
bergerie, f. *(sheep) fold*
besoin, m. *need*
bête, f. *beast*
bête *stupid, foolish*
bêtise, f. *stupidity*
beurré *buttered*
bien-être, m. *well-being*
bienfaisant *beneficial*
bienheureux *happy*
bientôt *soon*
biens, m. pl. *goods*
bijou, m. *jewel*
Birmanie *Burma*
blague, f. *joke*
blanc, blanche *white*
blason, m. *coat of arms*
blé, m. *wheat*
bled, m. *hole, one horse town*
blême *pale*
blessure, f. *wound*
bleuir *to turn blue*
blindé *armoured*
blondin, m. *fop*

se bloquer *to get jammed*
se blottir *to crouch*
boire (buvant, bu) *to drink*
bois, m. *wood*
boisson, f. *drink*
boîte, f. *box*
boîte, f. (argot) *one's workplace*
boiter *to limp*
bond, m. *leap*
bondir *to leap*
bonheur, m. *happiness*
bonnet, m. *cap*
bord, m. *edge, side*
à bord *on board*
border *to border, edge*
borné *narrow-minded*
bouche, f. *mouth*
boucher *to stop up, plug*
boucher, m. *butcher*
boucherie, f. *butcher's shop*
bouchon, m. *cork*
boucle, f. *curl*
boucler *to curl*
boue, f. *mud*
bouger *to move*
bouillabaisse, f. *Provençal fish-soup*
bouillir *to boil*
bouillon, m. *bubble*
boule, f. *ball*
boulet, m. *cannon ball*

187

bouleverser *to upset*
bourdon, m. *drone*
bourdonner *to buzz*
bout, m. *end, tip*
boutiquier, m. *shopkeeper*
bouton, m. *button*
bramer *to roar*
bras, m. *arm*
brave (avant le nom) *good-natured*
brebis, f. *ewe*
bref *in short, briefly*
breuvage, m. *beverage*
bride, f. *bridle*
brider *to bridle*
brigadier, m. *corporal*
brisants, m. pl. *rocks*
brise, f. *breeze*
briser *to break*
bromure, m. *bromide*
bronzé *tanned*
brouhaha, m. *hubbub*
brouillard, m. *fog*
broyer *to crush, grind*
bruissement, m. *rustling*
bruit, m. *noise*
brûlant *burning*
brûler *to burn*
brume, f. *mist*
brun *brown*
brusquement *all of a sudden*
bruyant *noisy*

buée, f. *vapour*
buisson, m. *bush*
bulle, f. *bubble*

— C —

ça *that, it*
caban, m. *hooded cloak*
cabane, f. *hut*
cabas, m. *shopping basket*
cabri, m. (animal) *kid*
caché *hidden*
cadavre, m. *corpse*
cadeau, m. *present*
cadre, m. *frame, framework*
cagnotte, f. *kitty*
caille, f. *quail*
caler (un moteur) *to stall*
caliner *to caress*
cambouis, m. *motor oil, grease*
cambrioler *to burgle*
cambrioleur, m. *burglar*
campagne, f. *country*
campement, m. *camp*
canard, m. *drake*
canne, f. *duck*
caoutchouc, m. *rubber*
capitonné *padded*
caporal, m. *corporal*

capot, m. (d'une auto) *hood, bonnet*
capuchon, m. *hood*
car *for*
cas, m. *case*
case, f. *compartment*
casque, m. *helmet*
casquette, f. *cap*
se casser *to break*
causer (avec qqn.) *to talk*
célèbre *famous*
cendre, f. *ash*
censé *supposed to*
cependant *nevertheless*
cerf, m. *stag*
cerisier, m. *cherry-tree*
certes *indeed, surely*
cerveau, m. *brain*
cervelle, f. *brain*
cesser *to cease*
c'est-à-dire *that is to say*
chacun *each one*
chagrin, m. *grief*
chaîne, f. (de TV) *channel*
chair, f. *flesh*
chaise, f. *chair*
chaleur, f. *heat*
chambre, f. *bedroom*
champ, m. *field*
chanter *to sing*
chantonner *to sing softly*
chantre, m. *chorister, poet*

chapeau, m. *hat*
chaque *each*
charbon, m. *coal*
charge, f. *load, burden*
charger *to load*
charrette, f. *cart*
chasser *to hunt*
chat, chatte *cat*
château, m. *castle*
chatouiller *to tickle*
chaud *hot*
chauffer *to warm*
chaussure, f. *shoe*
chavirer *to capsize*
chemin, m. *path*
chemise, f. *shirt*
chêne, m. *oak*
cher, chère *dear*
chercher *to look for, search*
cheval, m. *horse*
cheveu(x), m. *hair*
chèvre, f. *goat*
chien, chienne *dog, bitch*
choc, m. *shock*
choisi *chosen*
chose, f. *thing*
chouette! *fine, super!*
ciel, m. *sky*
circuler *to circulate*
cire, f. *wax*
clairière, f. *clearing*
citadin, m. *townsman*

citer *to quote*
clarté, f. *clarity*
clavecin, m. *harpsichord*
clef, f. (outil) *spanner*
clef, f. (d'une porte) *key*
(fermé à) clef *locked*
cligner *to blink*
clocher, m. *bell-tower*
cocasse *droll*
cœur, m. *heart*
coiffé *capped*
coin, m. *corner*
colère, f. *anger*
collectionneur, -euse *collector*
coller *to stick, press*
colline, f. *hill*
coloris, m. *colouring*
combat, m. *fight*
(le) comble de *crowning touch*
comme *as, like*
commencement *beginning*
commencer *to begin*
commerçant, m. *tradesman*
commerce, m. *trade*
commettre, m. *to commit*
commis, m. *shop-assistant*
commode *convenient*
compagnie, f. *company*
compagnon, compagne *companion*

complice, m. *accomplice*
comporter *to comprise*
composant, m. *component*
comprendre *to understand*
comprimé (air) *compressed*
compte, m. *account*
(se rendre) compte *to realize*
compter *to count*
comptoir (d'un bar), m. *counter*
concours, m. *cooperation*
concurrence, f. *competition*
concurrent, m. *rival*
conduire *to convey, drive*
conduite, f. *conduct*
conduite, f. *pipe, piping, tubing*
confiance, f. *confidence*
confiture, f. *jam*
confondre *to mingle*
confrère, m. *colleague*
confus *indistinct*
congé, m. *leave*
connaissance, f. *acquaintance*
connu *known*
se consacrer à *to devote oneself to*
conseil, m. *piece of advice*
conseiller *to advise*
consentir *to agree to*
conserver *to preserve*

consigne, f. *pass-word*
consommateur, m. *consumer*
contact, m. (auto) *ignition*
contenance, f. *countenance*
contenance, f. *capacity*
contenir *to contain*
contenu, m. *content(s)*
contre *against*
(dans le) contre-jour, m. *against the light*
contre-temps, m. *mishap*
convenable *suitable*
convenir *to agree*
convié *invited*
convoitise, f. *covetousness*
copain, m. *pal*
cordage, m. *ropes*
corde, f. *rope*
corniche, f. *coast road*
corps, m. *body*
côte, f. *coast*
côté, m. *side*
cou, m. *neck*
couche, f. *layer*
coucher, m. *bed-time*
coucher avec *to sleep with*
coude, m. *elbow*
couler *to sink*
couleuvre, f. *(grass) snake*
coup, m. *blow*
coupe, f. *(fruit) bowl*
couper *to cut*
couperet, m. *chopper*
cour, f. *yard*
courant, m. *electric current*
courant, m. *stream*
courbe, f. *curve*
se courber *to curve*
courir *to run*
couronne, f. *crown*
(au) cours de *during, in the course of*
course, f. *race, run*
courses (faire les) *shopping*
court *short*
coussin, m. *cushion*
couteau, m. *knife*
coûteux *costly*
coutumier *in the habit of*
couturé *whipped*
couverture, f. *blanket*
couvrir (couvert) *to cover*
se couvrir *to take cover*
cracher *to spit*
crainte, f. *fear*
craintivement *fearfully*
se cramponner *to clutch*
craquement, m. *cracking noise*
se craquer *to crack*
crasse, f. *piece of dirt*
crépuscule, m. *twilight*
(heure) creuse *slack hour*

creux *hollow*
crever le cœur *to break one's heart*
criblé *bespattered*
crier *to call out*
crispé *clenched*
crochet, m. *hook*
croire (croyant, cru) *to believe*
croisière, f. *cruise*
croissance, f. *growth*
croître (croissant, crû) *to grow*
croix, f. *cross*
cru *crude*
cueillir *to pick*
cuillère, f. *spoon*
cuir, m. *leather*
cuisine, f. *kitchen*
culotte, f. *breeches*
culotter *to be lined*
cuvette, f. *basin*

— D —

dame ! *by God!*
dame-jeanne, f. *demijohn*
davantage *more*
débarquer *to disembark*
se débarrasser *to get rid of*
débattre *to discuss*
se débattre *to struggle*
débile *feeble-minded*
debout *standing*
déboutonné *unbuttoned*
débrouiller *to sort out*
se débrouiller *to manage, practise evasion*
début, m. *beginning*
décapotable (auto) *convertible*
déchéance, f. *fall*
déchet, m. *waste matter*
déchirer *to rend, tear*
déchu *fallen*
se décoiffer *to take one's hat off*
décolérer *to calm down*
décoller *to remove*
décoloré *colourless, pale*
découvrir *to discover, uncover*
décréter *to decree*
décrire *to describe*
décrocher *to win*
décrocher (le téléphone) *to lift*
dédaigner *to disdain*
dédaigneux *disdainful*
dedans *inside*
dédommagement, m. *compensation*

défaillance, f. *weakness*
se défaire de *to get rid of*
à défaut (de) *failing*
défier *to challenge*
défiguré *disfigured*
définir *to define, explain*
se dégourdir *to exercise oneself*
dégoût, m. *disgust*
dehors *outside*
déjà *already*
délicat *nice, sensitive*
délices, f. pl. *delight*
délivrance, f. *release*
demande, f. *request*
demander *to ask*
démantibulé *smashed to pieces*
démarrer (une auto) *to start*
démêler *to sort out*
demeure, f. *dwelling*
demeurer *to dwell*
demi *half*
demi-jour, m. *half-light*
démolir *to demolish*
démonter *to take to pieces*
dénouer *to undo, let down (hair)*
dent, f. *tooth*
denture, f. *set of teeth*
se départir *to desist*
dépasser *to overtake*

dépendre de *to rest with*
dépense, f. *expense*
dépenser *to spend*
dépérir *to waste away*
se dépeupler *to become depopulated*
en dépit de *in spite of*
se déplacer *to move about*
dépouillé *spare*
déposer *to set down*
déposséder *to dispossess*
se déprécier *to underrate*
depuis *since, for*
dérangé *deranged*
dérangement, m. *disturbance*
déraper *to slip*
en dérive *adrift*
dernier *last*
dérouler *to uncoil*
se dérouler *to pass off*
derrière *behind*
dés, m. pl. *dice*
dès *as early as*
désert *deserted*
se déshabiller *to get undressed*
désigner *to describe, point to*
désordonné *irregular*
désormais *hereafter*
dessein, m. *plan, scheme*
dessin, m. *drawing*

dessiner *to draw, outline*
détacher *to break off*
détraqué *deranged*
détroit, m. *strait*
détruire *to destroy*
deuil, m. *mourning*
dévaler *to race down*
dévaliser *to rob*
se dévaloriser *to belittle oneself*
devant *before*
devanture, f. *shop-window*
devenir *to become*
deviner *to guess*
dévisager *to stare at*
devoir (je dois, dû) *to have to*
diable, m. *devil*
dieu, m. *god*
dire *to say*
diriger *to govern, steer*
se diriger *to make one's way*
discuter *to discuss*
disparaître *to disappear*
se dispenser *to get out of (doing sth.)*
disponible *available*
dissimuler *to hide*
distrait *absent-minded*
divertissant *amusing*
se diviser *to divide*
dizaine, f. *about ten*

doigt, m. *finger*
dolent *plaintive*
dommage, m. *damage*
donc *therefore, so*
donnant-donnant *give and take*
donner *to give*
donneur, donneuse *giver, donor*
dormir *to sleep*
dos, m. *back*
dossier, m. *back (of seat)*
douane, f. *customs*
douanier, m. *customs officer*
douche, f. *shower*
douleur, f. *pain*
douloureux *painful*
doute, m. *doubt*
douter *to doubt*
se douter *to suspect*
douteux *doubtful*
drapeau, m. *flag*
dresser *to raise*
drogue, f. *drug*
droit, m. *law*
drôle *funny*
dunette, f. *poop(-deck)*
dur *hard*
durer *to last*

— E —

eau, f. *water*
s'ébrouer *to shake oneself*
échantillon, m. *sample*
s'échapper *to break free*
éclair, m. *(flash of) lightning*
éclairer *to light*
éclat, m. *fragment*
éclatant *dazzling*
éclater *to burst (out)*
écluse, f. *lock (sluice-gate)*
écluser (argot) *to booze*
s'écouler *to go by*
écouter *to listen to*
écran, m. *screen*
écraser *to crush*
écrire *to write*
écrivain, m. *writer*
écueil, m. *reef*
écuelle, f. *bowl*
édifier *to erect*
éditeur, m. *publisher*
effaré *scared*
effectuer *to accomplish*
(en) effet *indeed*
effraction, f. *(house-) breaking*
effrayer *to frighten*
effroyable *frightful*
également *equally*
(à l') égard de qqn. *with regard to sb.*
église, f. *church*
égout, m. *sewer*
élan, m. *impulse*
s'élever *to rise*
s'éloigner *to move away*
émail, m. *enamel*
embarrasser *to inconvenience*
embêter *to bother*
s'embrasser *to kiss each other*
embrun, m. *spray (of sea)*
embuscade, f. *ambush*
émeute, f. *riot*
émerveillé *amazed*
s'emmêler *to get into a muddle*
empêcher *to prevent*
empirer *to get worse*
emplacement, m. *site, place*
s'emplir *to fill up*
employé, m. *employee*
empoisonner *to poison*
emporter *to carry away*
empourpré *tinged with purple*
ému *moved*
s'en aller *to go away*
encapuchonné *hooded*
enclin *prone to*

enclos, m. *enclosure*
(sans) encombre *(without) mishap*
encombré *littered*
encore *again*
endormir *to send to sleep*
endroit, m. *place*
s'énerver *to become irritable*
enfance, f. *childhood*
enfer, m. *hell*
enfermer *to confine*
enfin *at last*
enflammer *to set ablaze*
s'enfoncer *to sink*
s'enfuir *to flee*
engageant *engaging*
engager (une conversation) *to enter into*
s'engager à *to undertake*
engin, m. *machine*
engourdi *numb*
engourdissement, m. *numbness*
engueuler *to tell off*
enivrer *to elate, make drunk*
enjambée, f. *stride*
enlacé *intertwined*
enlever *to remove*
ennui, m. *trouble, boredom*
ennuyer *to bore*
énoncer *to say, state*
s'enquérir *to inquire*

enquête, f. *inquiry*
s'enrouler *to wind*
ensanglanté *blood-stained*
enseigne, f. *sign-board*
ensemble *together*
ensoleillé *sunny*
s'ensuivre *to follow*
entendre *to hear*
s'entendre *to get on with each other*
entente f. *understanding*
enterré *buried*
entortillé *wrapped*
entourer *to surround*
entraîner *to draw (aside)*
entrée, f. *entrance*
entrer *to go in*
entrepont, m. *between decks*
entreposer *to store*
entrepôt, m. *warehouse*
entreprendre *to undertake*
entreprise, f. *firm*
entretenir *to keep up*
entretien, m. *conversation*
envahir *to invade*
envers *of, towards*
envie, f. *desire*
environnant *surrounding*
envoûter *to cast a spell on*
envoyer *to send*
épais, épaisse *thick*
épargner *to save*

s'épargner *to spare oneself*
épaule, f. *shoulder*
épicerie, f. *grocer's shop*
épicier, épicière *grocer*
éplucher *to peel, examine*
épouse, f. *wife*
épouser *to marry*
épouvantable *dreadful*
épouvanté *terrified*
s'éprendre de *to fall in love with*
épreuve, f. *trial*
éprouver *to experience*
épuisé *exhausted*
équipage, m. *crew*
ermite, m. *hermit*
errer *to wander*
escale, f. *port of call*
escalier, m. *stairs*
espérance, f. *hope*
espérer *to hope*
espion, m. *spy*
esprit, m. *spirit, mind*
essayer *to try*
essence, f. *petrol*
essuyer *to wipe (away)*
est, m. *east*
établissement, m. *establishment*
étal, m. *chopping block*
étalé *spread out*
état, m. *state*

été, m. *summer*
étendre *to stretch out*
s'étendre *to lie down*
s'étendre *to extend*
étendue, f. *extent*
s'éteindre *to go out*
étincelant *sparkling*
s'étirer *to stretch*
étoffe, f. *cloth*
étoile, f. *star*
étole, f. *stole*
étonnement, m. *astonishment*
s'étonner *to be astonished*
étouffé *stifled*
étourdir *to get dizzy*
être, m. *being*
étroit *narrow*
études, f. pl. *studies*
étudier *to study*
évanouir *to faint*
évanouissement, m. *fainting fit*
événement, m. *event*
éviter *to avoid*
évoluer *to move around*
exclure *to exclude*
exigeant *exacting*
exigence, f. *claim, demand*
exiger *to demand*
expliquer *to explain*
exprès *on purpose*

exprimer *to express*
extraire *to extract*

— F —

fabrication, f. *manufacture*
fabriquer *to make*
(en) face de *in front of*
se fâcher *to get angry*
facile *easy*
façon, f. *way*
faible *weak*
faiblesse, f. *weakness*
faiblir *to weaken, lose power*
faillir (+ infinitif) *to very nearly* (+ verb)
faim, f. *hunger*
fait, m. *fact*
falloir (il faut, fallu) *to be obliged (must)*
familial *of a family*
fanal, m. *navigation light*
fanfreluche, f. *bauble*
fantaisie, f. *whim*
fardeau, m. *burden*
faubourg, m. *suburb*
fauteuil, m. *armchair*
faux, fausse *false*
feint *feigned*
feinte, f. *pretence*

se fendre *to split*
fenêtre, f. *window*
fer, m. *iron*
fer-blanc, m. *tin, tin-plate*
ferraille, f. *scrap iron*
ferme, f. *farm*
fermier, m. *farmer*
fête, f. *feast, feast-day*
feu, m. *fire*
feutre, m. *felt*
fi(faire) *to despise, turn one's nose up*
ficelle, f. *string*
fichu (argot) *deuced*
fidèle *faithful*
fier, fière *proud*
fiévreux *feverish*
figé *set (phrase)*
figure, f. *face*
figurez-vous *just imagine*
fil, m. *wire*
file, f. *row*
filer (le lin) *to spin*
filet, m. *net*
fin, f. *end*
finaud *cunning*
finir *to finish*
flageller *to whip*
flambant *blazing*
flamme, f. *flame*
flaque, f. *puddle*
fléau, m. *plague*

flèche, f. (architecture) *steeple*
fleur, f. *flower*
fleuve, m. *river*
flotter *to float*
flotteur, f. *float*
foi, f. *faith*
foie, m. *liver*
fois, f. *time(s)*
folie, f. *madness*
foncer *to dash*
fonctionnement, m. *procedure*
fond, m. *bottom*
au fond *fundamentally*
se fondre *to dissolve into each other*
fontaine, f. *fountain*
force, f. *strength*
forgeron, m. *blacksmith*
fort, forte *strong*
fossé, m. *ditch*
fou, m. *madman*
foudre, f. *thunderbolt*
coup de foudre, m. *"crush", love at first sight*
fouet, m. *whip*
fourbi, m. *gadget*
fourmiller *to teem*
fournir *to provide*
fournisseur, m. *supplier*
se fourrer *to poke*

fracas, m. *din*
fracturer *to break*
fraîcheur, f. *freshness*
frais, fraîche *fresh*
(les) frais, m. pl. *expenses*
franchement *frankly*
franchir *to pass (over)*
franchise, f. *frankness*
frapper *to strike*
frayeur, f. *dread*
frein, m. *brake*
freiner *to brake*
frémir *to quiver*
frétiller *to wriggle*
frire *to fry*
frisson, m. *shudder*
friture, f. *fried fish*
froid *cold*
frôler *to border*
frotté *touched with*
se frotter *to rub*
fruitier *fruit-bearing*
fuir *to flee*
fumée, f. *smoke*
fumer *to smoke*
fumeur, m. *smoker*
fumoir, m. *smoking-room*
funèbre *mournful*
funeste *deadly*
fusil, m. *rifle*
fusiller *to execute by firing squad*

— G —

gâcher *to spoil*
gâchis, m. *waste*
gagner (un lieu) *to reach*
gaiement *gaily*
galamment *gallantly*
galant *gallant*
galeriste, m. *proprietor of a picture-gallery*
garçon, m. *boy*
(être sur ses) gardes *to be on one's guard*
garder *to keep*
gare, f. *station*
gaspillage, m. *waste*
se gâter *to deteriorate*
gauche *left*
gaucherie, f. *awkwardness*
geindre *to wail*
gémir *to groan*
gêner *to impede, hinder*
Gênes *Genoa*
genou, m. *knee*
genre, m. *kind*
gens, m. pl. *people*
gentil, gentille *nice*
gentiment *nicely*
gerbe, f. *cluster*
geste, m. *gesture*
gigue, f. *jig*
glace, f. *window*
glace, f. *ice*
glacé *iced*
glisser *to slide, slip*
glisser (une parole) *to whisper*
glousser *to chuckle*
goéland, m. *gull*
goémon, m. *sea-weed*
gonfler *to distend*
gorge, f. *throat*
gorgée, f. *gulp*
gosse, m. et f. *kid*
gouaillerie, f. *banter*
goudron, m. *tar*
gouffre, m. *abyss*
goujon, m. *gudgeon*
goût, m. *taste*
goûter *to taste*
goutte, f. *drop*
gouvernail, m. *rudder*
(faire) grâce *to pardon*
grâce à *thanks to*
de grâce *for pity's sake*
graine, f. *seed*
grandeur, f. *scale, extent*
grandir *to grow big*
grappe, f. *cluster*
gras, grasse, f. *fat, plump*
se gratter *to scratch oneself*
grave *deep (sound)*
graver *to engrave*
gravir *to climb*

(savoir) gré à qqn. *to be grateful*
grésiller *to grate*
grille, f. *iron gate*
grimper *to climb*
gris *grey*
griser *to make tipsy*
griserie, f. *exhilaration*
grogner *to growl*
grommeler *to grumble*
grondement, m. *roaring*
gronder *to rumble*
grossier *coarse*
grossir *to grow bigger*
gruger *to diddle*
ne... guère *scarcely*
guéridon, m. *pedestal table*
guérir *to heal*
guerre, f. *war*
guetter *to watch*
gueule, f. *mouth (of animal)*

— H —

habileté, f. *skill*
habillé *dressed*
habitant, m. *inhabitant*
habiter *to live (in)*
habitude, f. *habit*
habitué *used to*

haine, f. *hatred*
haïr *to hate*
hâlé *sun-tanned*
haleine, f. *breath*
hanche, f. *hip*
harceler *to harass*
(se) hâter *to hurry*
hausser (les épaules) *to shrug*
haut *high*
hauteur, f. *height*
héberger *to lodge*
hein ! *eh!*
herbe, f. *grass*
hérissé de *bristling with*
heure, f. *hour*
heureux *happy*
histoire, f. *story*
hiver, m. *winter*
hocher *to nod*
horaire, m. *time-table*
horloge, f. *clock*
hormis *except*
hors de lui *beside himself*
hublot, m. *port-hole*
humeur, f. *disposition*
hutte, f. *hut*

— I —

ici *here*
ici-bas *here below*
île, f. *island*
image, f. *picture*
immeuble, m. *block of flats*
impair, m. *blunder*
s'impatienter *to grow impatient*
n'importe lequel, laquelle *any one*
impuissance, f. *helplessness*
inaccoutumé *unaccustomed*
inclinaison, f. *slope*
incliner *to tilt*
inclure *to include*
incolore *colourless*
incroyable *incredible*
indécis *vague*
infidèle *unfaithful*
infliger *to inflict*
infructueux *unfruitful*
s'ingénier *to strive*
inhabité *uninhabited*
inhabituel *unusual*
inoubliable *unforgettable*
inquiétant *worrying*
inquiéter *to disquiet*
s'inquiéter *to worry*
inquiétude, f. *anxiety*
insignifiant *insignificant, trivial*
insolite *unwonted*
installer *to settle*
(à l') insu de *unknown to*
interdire *to forbid*
s'intéresser à *to take interest in*
s'interrompre *to interrupt*
introduire *to put in*
inutile *useless*
inutilisable *worthless*
inverse *opposite*
involontairement *unintentionally*
invraisemblable *hard to believe*
iode, f. *iodine*
iodé *iodized*
isolé *isolated*

— J —

jadis *formerly*
(ne)... jamais *(n)ever*
jambe, f. *leg*
japper *to yap*
jardin, m. *garden*
jarret, m. *(back of the) knee*
jaune *yellow*

jet, m. *throw*
jet d'eau *fountain*
jeter *to throw*
jeu, m. *game*
à jeun *fasting*
jeunesse, f. *youth*
joie, f. *joy*
joindre (joignant, joint) *to join*
joli, jolie *pretty*
joncher *to strew*
joue, f. *cheek*
jouer *to play*
jouet, m. *toy*
jouissance, f. *enjoyment*
jour, m. *day*
journal, m. *newspaper*
joyeux *merry*
juger *to judge, deem*
jumeau, jumelle *twin*
jupe, f. *skirt*
jusqu'à, jusque *as far as, until*
(de) justesse *narrowly*
juteux *juicy*

— L —

là *there*
là-bas *over there*
là-dessus *thereupon, at this point*
laid *ugly*
laisse, f. *leash*
laisser *to let*
laissez-passer, m. *pass*
lait, m. *milk*
laiteux *milky*
lambeau, m. *shred*
lame, f. (de couteau) *blade*
lame, f. (grosse vague) *big wave*
lance (d'arrosage), f. *hose-pipe nozzle*
lancé *plunged (headlong)*
langue, f. *tongue*
languir *to hang about*
larcin, m. *larceny, petty theft*
large *wide, broad*
largeur, f. *width, breadth*
larme, f. *tear*
se lasser *to grow weary*
laver *to wash*
lécher *to lick*
léger *light, slight*
lendemain, m. *next day*
lequel, laquelle, etc. *who, whom, which*
lever *to raise*
se lever *to rise*
lèvre, f. *lip*

libre *free*
lien, m. *tie*
lieu, m. *place*
lieux, m. pl. *locality, spot*
ligne, f. *line*
lignée, f. *line of descendance*
lin, m. *flax*
lippu *thick-lipped*
lisse *smooth*
lit, m. *bed*
livre, m. *book*
livrée, f. *livery*
se livrer *to surrender*
local, m. *premises*
loin *far*
lointain *distant*
loisir, m. *leisure*
longer *to run along*
longtemps *a long time*
longueur, f. *length*
lorsque *when*
loup, louve *wolf, she-wolf*
lourd *heavy*
lueur, f. *flash*
luisant *shining*
lumière, f. *light*
lune, f. *moon*
lustre, m. *chandelier*
lutter *to struggle*
lys, m. *lily*

— M —

magasin, m. *shop*
magie, f. *magic*
maigre *meagre*
maille, f. *mesh*
main, f. *hand*
maintenir *to maintain*
maison, f. *house*
maisonnette, f. *small house*
mal, m. (pl. maux) *evil, ill*
maladie, f. *illness*
malgré *in spite of*
malheureux *unhappy*
malice, f. *bantering*
malin, maligne *smart, clever*
mallette, f. *small case*
Malouines (îles) *Falklands*
mamelle, f. *breast*
manche, m. *handle*
manche, f. *sleeve*
manger *to eat*
manier *to handle*
manière, f. *manner*
manque, f. *lack, want, privation*
(ne pas) manquer de (+ infinitif) *to be sure to*
manteau, m. *coat*
maquillage, m. *make-up*
maquis, m. *brushwood, bush*

marchand(e) *shopkeeper, merchant*
marche, f. *walking*
marche (d'escalier), f. *step*
marécageux *marshy*
mariage, m. *wedding*
marier *to marry*
marin, m. *sailor*
marmite, f. *(cooking-)pot*
marque, f. *mark, brand*
marteau, m. *hammer*
massif, m. *clump (of shrubs)*
masure, f. *ramshackle house*
matelot, m. *sailor*
matière, f. *material, matter*
matin, m. *morning*
mauvais *bad*
maux, m. pl. *ailments*
méchant *wicked*
méconnaissable *unrecognizable*
méfiance, f. *distrust*
se méfier *to mistrust*
meilleur *better, best*
mélange, m. *mixture*
mélanger *to mix*
mêler *to mingle*
membrane, f. (d'une pompe) *diaphragm*
même *even*
menacer *to threaten*

ménage, m. (se mettre en) *to set up house together*
ménager (une place) *to make room for*
mener *to lead*
mensonge, m. *lie*
mépris, m. *scorn*
mépriser *to despise*
mer, f. *sea*
mercier, m. *haberdasher*
merde, f. *shit*
merle, m. *blackbird*
(à) merveille *excellently*
merveilleux *marvellous*
se mésallier *to marry below one's station*
(grand-)messe, f. *(high) mass*
métier, m. *profession, trade*
métier, m. (d'un tisserand) *loom*
métrage, m. *length (of a film)*
mettre (mettant, mis) *to put*
se mettre à *to begin*
meuble, m. *piece of furniture*
midi, m. *noon, South (of France)*
miel, m. *honey*
miette, f. *crumb*
en miettes *smashed to pieces*

mieux *better*
milieu, m. *middle*
mince *slim*
mine, f. *look, air*
minuit, f. *midnight*
minutieusement *scrupulously*
miroir, m. *mirror*
miséricorde, f. *mercy*
moche *lousy*
moelleux *soft*
mœurs, f. pl. *customs*
moindre *less(er), least*
moineau, m. *sparrow*
moins *less*
au moins *at least*
mois, m. *month*
moisson, f. *harvest*
moitié, f. *half*
mollement *softly*
mondain *mundane, worldly*
monde, m. *world*
monnaie, f. *money, change*
montagne, f. *mountain*
monter *to get up*
montre, f. *watch*
montrer *to show*
morceau, m. *piece, bit*
mordre *to bite*
se morfondre *to wait about*
morne *dejected*
mort, f. *death*

mot, m. *word*
moto(cyclette), f. *motorbike*
mou, (mol), molle *soft*
mouchoir, m. *handkerchief*
mouillé *wet*
moule, m. *mould*
moulin, m. *(wind)mill*
mourir (mort) *to die*
mousse, m. *ship's boy*
mouton, m. *sheep*
moyen, m. *means, way*
mugissement, m. *roar*
munir *to provide with*
mur, m. *wall*
muraille, f. *wall*
muré *walled*
mutilé *mutilated*

— N —

naissance, f. *birth*
naître (naissant, né) *to be born*
natal *native*
naufrage, m. *shipwreck*
naviguer *to sail*
navire, m. *ship*
navré *woe-begone*
né *born*
négliger *to neglect*

nervosité, f. *twitching*
net, nette *neat*
net *outright, dead*
nettoyer *to clean*
nez, m. *nose*
niveau, m. *level*
noce, f. *wedding*
noceur, m. *reveller*
noir *black*
noiraud *swarthy-looking*
noisetier, m. *nut-tree*
noisette, f. *hazel-nut*
nom, m. *name*
nombreux *numerous*
se nommer *to be called*
nouer *to knot*
nourrir *to feed*
nourriture, f. *food, nourishment*
nouveau, nouvelle *new*
nouvelle, f. *short story*
nouvelles, f. pl. *news*
nu *naked*
nuage, m. *cloud*
nuée, f. *cloud*
nuit, f. *night*
numéro, m. *number*
numéroter *to number*
nuque, f. *nape (of the neck)*

— O —

obéir *to obey*
obtenir *to obtain, get*
(d') occasion *second-hand*
occupé *busy*
s'occuper de *to look after*
œil, m. *eye*
œuvre, f. (d'un écrivain) *works*
officine, f. *chemist's dispensary*
offrir (offrant, offert) *to give*
oie, f. *goose*
oiseau, m. *bird*
ombre, f. *shade, shadow*
ondulation, f. *wave*
(à l') opposé de *contrary to*
or, m. *gold*
or *now*
oreille, f. *ear*
orienter *to direct*
originaire de *native of*
os, m. *bone(s)*
oser *to dare*
ôter *to remove*
oubli, m. *oblivion*
oublier *to forget*
outil, m. *tool*
ouverture, f. *opening*

ouvrier, m. *workman*
ouvrir (ouvrant, ouvert) *to open*

— P —

paie, f. *pay, payment*
pain, m. *bread*
paisible *peaceful*
palais, m. *palace*
palier, m. *landing*
palissade, f. *fence*
palmier, m. *palm-tree*
panier, m. *basket*
panne, f. *engine failure, breakdown*
panneau, m. *panel*
pantouflard, m. *stay-at-home type*
pantoufle, f. *slipper*
paquebot, m. *liner*
parages, m. pl. *regions, parts*
paraître (paraissant, paru) *to appear*
parcourir *to go over*
par-dessus *over (the top of)*
pareil, pareille *similar*
parenté, f. *kinship*
parfois *sometimes*

parler *to talk*
parmi *amongst*
parole, f. *word, sound*
part, f. *share*
partager *to share*
parti, m. *resolution*
participer à *to take part in*
partie, f. *part (of a whole)*
partout *everywhere*
parvenir *to reach, succeed*
passé, m. *past*
se passer *to happen*
patron, m. *master (of a small boat)*
(à quatre) pattes *on hands and knees*
paupière, f. *eyelid*
pauvre *poor*
pauvresse, f. *poor woman*
pavé, m. *paving-stone*
paysan, paysanne *peasant*
peau, f. *skin*
pêche, f. *fishing*
pêcher *to fish*
pêcheur, m. *fisherman*
peigne, m. *comb*
peindre (peignant, peint) *to paint*
peine, f. *grief*
femme de peine *drudge (female)*
peintre, m. *painter, artist*

peinture, f. *painting*
pelé *bare*
pelouse, f. *lawn*
pelure, f. *covering, coating*
se pencher *to bend*
pendule, f. *clock*
pénible *distressing, troublesome*
pénombre, f. *semi-darkness*
pensée, f. *thought*
penser *to think*
pente, f. *slope*
percevoir (perçu) *to perceive*
percutant *devastating*
perdre (perdant, perdu) *to lose*
se perdre *to get lost*
périr *to perish*
permettre (permis) *to allow*
permis, m. *permit, licence*
perturber *to disturb*
peser *to weigh, be heavy*
pétarade, f. *back-firing*
pétard, m. *fire-work*
petit, m. (d'un animal) *young*
petitesse, f. *smallness*
(un) peu *(a) little*
peuple, m. *people*
peupler *to people*
peur, f. *fear*
peureusement *timidly*
peut-être *perhaps*
phrase, f. *sentence*
pièce, f. *piece*
pièce, f. *room*
pied, m. *foot*
pierre, f. *stone*
piéton, m. *pedestrian*
piller *to plunder*
piment, m. (figuré) *spice*
pin, m. *pine(-tree)*
pince, f. *pliers*
piqûre, f. *injection*
pire, pis *worse, worst*
pitié, f. *pity*
pitre, m. *clown*
pitrerie, f. *clowning*
place, f. (d'une ville) *square*
se placer *to take up position*
plafond, m. *ceiling*
plage, f. *beach*
planche, f. *board, plank*
se plaindre (plaignant, plaint) *to complain*
plaire (plaisant, plu) *to please*
plaisanterie, f. *joke*
plaisir, m. *pleasure*
planche, f. *board, plank*
plancher, m. *planking (deck)*
plat *flat*
plat, m. *dish*

plein *full*
pleurer *to weep*
pli, m. *fold, wrinkle*
plier *to bend*
pluie, f. *rain*
plume, f. *feather*
la plupart du, des *most (of the)*
plusieurs *several*
plutôt *sooner, rather*
poche, f. *pocket*
poésie, f. *poetry*
poids, m. *weight*
poignet, m. *wrist*
poilu *hairy*
pointe, f. *tip*
poire, f. *pear*
poisseux *sticky*
poisson, m. *fish*
policière (littérature) *detective (story)*
poliment *politely*
polonais *Polish*
pomme, f. *apple*
pont, m. *bridge*
pont (d'un bateau) *deck*
porcelaine, f. *china*
porte, f. *door*
portière, f. *door (of car)*
poser *to put*
posséder *to possess*
poste, m. (de radio) *set*

pouce, m. *thumb*
poudre, f. *powder*
poudrier, m. *powder-compact*
poule, f. *hen*
pourpre *purple*
pourrir *to rot*
poursuivre *to pursue*
se poursuivre *to continue*
pourtant *however*
pourvu que *so long as*
pousser *to push, heave*
pousser (un cri) *to utter*
pouvoir, m. *power*
pouvoir *to be able*
pratique, f. *practice*
précédemment *previously*
précédent *previous*
prélever de *to draw from*
premier *first*
prendre (prenant, pris) *to take*
près *near*
présenter qqn. *to introduce sb.*
presque *almost*
pression, f. *pressure*
prêt *ready*
preuve, f. *proof*
prévenir *to inform*
prévenu contre *biased against*

prévoir (prévoyant, prévu) *to foresee*
prier *to pray*
prière, f. *prayer*
primevère, f. *primrose*
priver de *to deprive*
printemps, m. *spring*
prix, m. *price*
produire *to produce*
se produire *to take place*
produit, m. *product*
professorat, m. *teaching profession*
proie, f. *prey*
projet, m. *plan*
projeter *to hurl*
promener (un chien) *to exercise*
promesse, f. *promise*
promettre (promettant, promis) *to promise*
prononcer *to say*
propos, m. pl. *talk*
propre *clean, proper*
(appartenir) en propre *to be owned personally*
proprement *well and truly*
propreté, f. *cleanliness*
protéger *to protect*
puis *then*
puiser dans *to draw from*
puisque *since, as*
puissant *powerful*

— Q —

quand *when*
quant à *as for*
quart, m. *quarter*
quartier, m. (d'une ville) *district*
quel, quelle *what, which*
quelconque *any...whatever*
quelque *some, about*
quelquefois *sometimes*
queue, f. *tail*
quinzaine, f. *fortnight*
(en être) quitte pour *to get off with*
quitter *to leave, remove*
(avoir de) quoi *to give occasion to*
quotidien, m. *daily paper*

— R —

raccrocher *to ring off*
raconter *to tell*
rade, f. *roads (nautical)*

rafale, f. *strong gust of wind*
rageusement *in a rage*
raisin, m. *grapes*
raison, f. *reason*
rajeunir *to rejuvenate*
râle, m. *death-rattle*
ralentir *to slow down*
râler *to be at one's last gasp*
ramasser *to pick up*
ramener *to bring back*
rampe, f. *banisters*
ramper *to crawl*
rancœur, f. *rancour, resentment*
rangée, f. *row*
rangement, m. *putting in order*
ranger *to put away*
se ranger (une auto) *to pull over to one side*
se rappeler *to remember*
rapporter *to bring back*
se rapprocher *to draw near*
se raréfier *to become scarce*
à ras de *level with*
raser (les murs) *to hug*
rassembler *to assemble, muster*
rassemblement, m. *gathering*
se rassurer *to reassure*
rattacher *to fasten*

raté, m. (d'un moteur) *misfire*
rauque *hoarse*
ravin, m. *ravine*
rayon, m. *department*
réaliser *to achieve*
rebondir *to rebound*
recevoir (recevant, reçu) *to receive*
réchapper *to escape*
récit, m. *narration*
réclamer *to demand*
se réclamer (de) *to claim to be*
récolte, f. *crop*
recommander *to recommend*
reconnaissance, f. *gratitude*
reconnaître *to recognize*
reconstruire *to rebuild*
recouvrir *to cover, mask*
se récrier *to cry out*
recueil, m. *collection*
(avec) recul *objectively*
se redresser *to sit up, stand up*
réduire *to reduce*
réfléchir *to reflect on*
refléter *to reflect*
refréner *to curb*
refroidir *to grow cold*
refuge, m. *shelter*

regard, m. *glance*
regarder *to look at*
régler *to clear up, settle*
rejaillir *to spurt up*
rejeter *to throw back*
rejoindre *to join*
réjoui *cheerful*
remarquer *to notice*
rembourré *padded*
remettre *to put off, back*
remonter *to pull up*
remorquage, m. *(being) on tow*
remorquer *to tow*
remplir *to fill*
remuer *to move, stir*
renaître (renaissant) *to revive*
rencontrer *to meet*
rendre *to give back*
se rendre à *to make one's way to*
renfermer *to confine*
renforcer *to strengthen*
renifler *to sniff*
renommée, f. *fame*
renoncer *to give up*
renouveler *to renew*
renseignement, m. *(piece of) information*
rentabiliser *to make profitable*

rentrer *to take in*
renverser *to tilt back*
répandre *to spread*
se répandre *to spill, run over*
réparer *to repair*
repas, m. *meal*
repasser *to pass again*
replet *dumpy*
se replier *to turn back, squat*
répondre *to answer*
reposer (sur) *to rest upon*
reprendre *to start again*
représentant, m. *(sales) representative*
réprimer *to repress*
à plusieurs reprises *on several occasions*
répugner *to feel repugnance*
réseau, m. *network*
réservoir, m. *tank*
résolument *resolutely*
résolution, f. *determination*
résoudre (résolvant, résolu) *to solve*
ressentir *to feel*
resserré *narrow*
ressouder *to join again*
rester *to stay*
retarder *to delay*
retenir *to hold back*
retentissant *resounding*
retenue, f. *restraint*

se retirer *to withdraw*
retomber *to fall (back, again)*
retour, m. *return*
retourner *to go back*
se retrouver *to be together again*
rétroviseur, m. *driving mirror*
réunir *to reunite*
réussir *to succeed*
rêvasser *to muse*
réveiller *to awake*
révélateur *revealing*
révéler *to reveal*
revendication, f. *demand*
revenir à soi *to recover consciousness*
rêver *to dream*
revêtement, m. *covering*
revoir *to see again*
(passer en) revue *to inspect*
rez-de-chaussée, m. *ground-floor (apartment)*
ne ...rien *nothing*
rigueur, f. *(self-) discipline*
rire, m. *laugh*
se risquer *to venture*
rivage, m. *shore*
rive, f. *bank (of river)*
roc, m., roche f., rocher m. *rock*

rôder *to prowl*
roi, m. *king*
roman, m. *novel*
romancier, m. *novelist*
rompre (rompant, rompu) *to break (up)*
rond *round*
ronflement, m. *rumbling*
rongé *corroded*
ronronnement, m. *humming*
roseau, m. *reed*
roue, f. *wheel*
rougir *to redden*
rouillé *rusty*
rouler (en auto, à moto) *to run*
se rouler *to wrap oneself*
roussi *russet, reddened*
route, f. *road*
roux, rousse (cheveux) *red-haired*
rude *tough*
ruissellement, m. *streaming*
rumeur, f. *murmur*
ruse, f. *trick, wile*
rusé *sly*

— S —

sable, m. *sand*
sac, m. *bag*
sacré *confounded, cursed*
sain *healthy*
saisir *to seize*
saisissant *startling*
saison, f. *season*
sale *dirty, beastly*
saleté, f. *piece of dirt*
saleté de! *rubbishy*
salon, m. *lounge*
salopette, f. *overalls*
saluer, *to greet, take leave*
salut! *hi!*
sang, m. *blood*
sang-froid, m. *self-control*
sans *without*
santé, f. *health*
satisfaire *to satisfy*
sauf (que) *except (that)*
saut, m. *jump*
sauter *to jump*
sauvage *wild*
sauver *to save, rescue*
sauvetage, m. *rescue*
savant, m. *scientist*
scellé *sealed*
scie, f. *saw*
scorbut, m. *scurvy*
sec, sèche *dry*
sécher *to dry*
se secouer *to shake*
secousse, f. *jolt*
séduire *to charm*
séduisant *attractive*
sein, m. *breast*
au sein de *in the midst of*
sel, m. *salt*
semaine, f. *week*
semblable *similar, alike*
(faire) semblant de *to pretend*
sembler *to seem*
semelle, f. *sole*
sens, m. *sense, direction*
bon sens, m. *common sense*
sentier, m. *path*
sentir *to feel, smell*
se séparer *to leave one another*
se séparer de *to part with*
serein *serene*
sérieusement *seriously*
serpenter *to wind*
se serrer *to move closer*
servir *to serve*
servir à *to be used for*
servir de *to be used as*
se servir de *to use*
seuil, m. *threshold*
seul *alone*
seulement *only*

siècle, m. *century*
siffler *to whistle*
sifflet, m. *whistle*
signe, m. *sign*
sillonner *to pace*
singe, m. *monkey*
sinistre, m. *disaster*
sinistrement *darkly, gloomily*
sinon *if not, or else*
soigneusement *carefully*
soin, m. *care*
soir, m. *evening*
soirée, f. *evening, evening party*
sol, m. *ground*
soldat, m. *soldier*
soleil, m. *sun*
solennel *solemn*
sombrer *to sink, founder*
somme, f. *sum*
sommeil, m. *sleep, slumber*
sommet, m. *summit*
somnifère, m. *sleeping draught, tablets*
songe, m. *dream*
songer *to dream*
sonner *to ring*
sonore *loud*
sortir *to go out*
sottise, f. *foolish thing*
sou, m. *coin of little value*

appareil à sous *slot machine*
soudain *suddenly*
souder *to weld*
souffler *to blow*
souffrance, f. *suffering*
souffrir (souffert) *to suffer*
souhaiter *to wish*
se soulever *to raise oneself*
soulèvement, m. *insurrection*
soupir, m. *sigh*
soupirer *to sigh*
sourcil, m. *eyebrow*
sourd *deaf*
sourire *to smile*
soutenir *to bear, carry*
souterrain *underground*
se souvenir de *to remember*
souvent *often*
squale, m. *dog-fish (shark)*
square, m. *public gardens*
stationner *to stand*
stupéfiant, m. *narcotic*
subtil *subtle*
sud, m. *south*
suffire *to suffice*
suif, m. *tallow*
(tout de suite) *at once*
suivant *following*
suivre *to follow*
supplice, m. *torture*
supportable *bearable*

se surmener *to overwork*
surmonter *to overcome*
surmoulage, m. *mould (from existing plate)*
surprenant *surprising*
sursauter *to start, give a start*
surtout *especially*
surveiller *to supervise*
survivre *to survive*
sympa(thique) *likeable*

— T —

tableau, m. *table*
tablier, m. *apron*
taille, f. *waist*
tailler *to carve*
tailleur, m. *costume*
se taire (taisant, tu) *to be silent*
talus, m. *bank*
tandis que *while*
tanguer *to pitch, swing*
tant *so much, many*
taper sur *to tap, bang*
tapis, m. *carpet*
tard *late*
tarder *to delay*
tartine, f. *slice of bread and butter*
tas, m. *pile, heap*
tasse, f. *cup*
à tâtons *gropingly*
taureau, m. *bull*
teint, m. *complexion*
tel, telle *such*
tellement *to such a degree*
témoigner *to display, show*
temps, m. *time, weather*
tendre (tendant, tendu) *to stretch (out)*
tendresse, f. *tenderness*
tenir *to hold*
tentative, f. *attempt*
tenter *to attempt, tempt*
se terminer *to come to an end*
terne *dull*
terrain, m. *ground*
tête, f. *head*
tiède *lukewarm*
tiers, m. *third party*
timbre, m. *(postage-)stamp*
tirer (de) *to draw*
tirer sur *to shoot at*
se tirer de *to extricate*
tisser *to weave*
tisserand, m. *weaver*
tissu, m. *fabric*
titre, m. *title*

à titre (de) *by right (of)*
toile, f. *cloth, canvas*
toit, m. *roof*
tôle, f. *sheet-iron*
tombe, f. *grave*
tomber *to fall*
tomber sur *to hit on*
ton, m. *tone*
tonner *to thunder*
tonnerre, m. *thunder*
tordre (tordant, tordu) *to twist*
torsadé *twisted*
tort, m. *wrong*
tôt *soon*
touffe, f. *tuft*
tour, f. *tower*
tour, m. *turn*
tourbillon, m. *whirlwind*
tournée, f. *round*
tourner *to turn*
tournoyer *to turn round and round*
tournure, f. *expression*
tousser *to cough*
toussoter *to give a slight cough*
tout-puissant *almighty*
tracer *to outline*
se traduire par *to find expression in*
trahir *to betray*

(être) en train de *to be in the process of*
traîner *to loiter*
trait, m. *stroke, gulp*
trajet, m. *journey*
tranche, f. *slice*
tranchée f. *trench*
trancher *to slice, cut*
transe, f. *trance*
transvaser *to decant*
travailler *to work*
(aller de) travers *to go wrong*
en travers *across*
traversée, f. *crossing*
traverser *to cross*
tremblement, m. *trembling*
tremper *to soak*
tressaillir *to give a jump*
tribord, m. *starboard*
tricot, m. *jersey*
tripoter *to fiddle with*
triste *sad*
tristement *sadly*
tristesse, f. *sadness*
tromper *to deceive, be unfaithful to*
tromperie, f. *deception, fraud*
tronqué *mutilated*
trottoir, m. *pavement*
troué *with hole(s) in it*
troupe, f. *troop*

troupeau, m. *flock*
truand, m. *mobster*
se tuer *to kill*
tuyau, m. *pipe*
type, m. *chap*

— U —

(s') unir *to unite*
user *to wear (out)*
usine, f. *factory, works*
ustensile, m. *ustensil*
utile *useful*

— V —

vacances, f. pl. *holidays*
vache, f. *cow*
vachère, f. *cow-girl*
vague, f. *wave*
vaisselle, f. *crockery*
valeur, f. *value*
valise, f. *(suit-)case*
valoir (il vaut) *to be worth*
vapeur, f. *steam*
vase, f. *slime, mud*
vase, m. *vase*
vécu, m. *actual experience*

veille, f. *day before*
veillée, f. *social evening*
velours, m. *velvet*
velu *hairy*
vendeur, m. *salesman*
vendre (vendant, vendu) *to sell*
se venger *to revenge oneself*
venir *to come*
vent, m. *wind*
ventre, m. *belly*
vérité, f. *truth*
vernissé *varnished*
verre, m. *glass*
verrier, m. *glassblower*
versant, m. *hillside*
verser *to pour*
(en) vertu de *by virtue of*
veste, f. *jacket*
vêtement, m. *piece of clothing*
se vêtir (vêtu) *to get dressed*
viande, f. *meat*
vider *to empty*
vie, f. *life*
vieillesse, f. *old age*
vieillir *to grow old*
vierge *virgin*
vif, vive *bright, lively*
vigne, f. *vine*
ville, f. *town*
ville thermale *spa*

vin, m. *wine*
virer *to turn*
visage, m. *face*
viser *to aim*
visière, f. *vizor*
visqueux *gluey*
vite *quickly*
vitesse, f. *speed*
vitrine, f. *shop-window*
vivant *living, lively*
vivre (présent: je vis..., vivant, vécu) *to live*
vœu, m. *vow*
voici *here (is)*
voie, f. *way, road*
voilà *there (is)*
voir (voyant, vu, passé simple: je vis...) *to see*

voisin *neighbouring*
voisin, m. *neighbour*
voiture, f. *vehicle, car*
voix, f. *voice*
volant, m. *steering wheel*
voler *to fly*
voler *to steal*
volet, m. *shutter*
volontiers *willingly*
voûté *arched*

— Y —

yeux, m. pl. *eyes*

Les langues modernes

Le Livre de Poche

ANGLAIS

Michel Savio, Jean-Pierre Berman et Michel Marcheteau	Méthode 90 L'anglais en 90 leçons Coffret: Livre + 5 ⚏ 5 ⚏	2297 9050 9011	LP 8
Claude Caillate et Judith Ward	La pratique courante de l'anglais	8550	LP 8
A. Sanford Wolf et Michèle Wolf	Speak American Livre + ⚏ ⚏ ⚏ ⚏	8540 9175 9177	LP 10
M. Delmas	Grammaire active de l'anglais	8581	LP 10

Lire en... anglais
Collection dirigée par Henri Yvinec

ROALD DAHL	Someone like you *(Chantal Yvinec)* Livre + ⚏ ⚏	8605 9128 9130	LP 7
ROALD DAHL	The Hitch-Hiker *(Chantal Yvinec)*	8610	LP 8
	Thirteen Modern English and American Short Stories *(Henri Yvinec)* Livre + ⚏ ⚏	8600 9100 9102	LP 7
F. SCOTT FITZGERALD	Pat Hobby and Orson Welles *(Martine Skopan)*	8604	LP 7
SOMERSET MAUGHAM	The Escape *(William B. Barrie)* Livre + ⚏ ⚏	8603 9103 9105	LP 7
SOMERSET MAUGHAM	The Flip of a Coin *(William B. Barrie)* Livre + ⚏ ⚏	8612 9143 9145	LP 7
	Nine English Short Stories *(Pierre Gallego)* Livre + ⚏ ⚏	8601 9137 9139	LP 9

WILLIAM FAULKNER	Stories of New Orleans *(Michel Viel)*	Livre + 👁 👁	8613 9157 9159	LP 8
JOHN STEINBECK	The Snake *(Lise Bloch et Françoise Thomas-Garnier)*		8626	LP 10
RAY BRADBURY	Kaleidoscope *(William B. Barrie)*	Livre + 👁 👁	8609 9120 9156	LP 7
SAKI	The Seven Cream Jugs *(François Gallix)*	Livre + 👁 👁	8614 9178 9180	LP 8
	Seven American Short Stories *(Jean-Paul Constantin et Alain Traissac)*	Livre + 👁 👁	8602	LP 10

Bilingue
Série anglaise dirigée par Pierre Nordon

KATHERINE MANSFIELD	Sur la baie / At the bay *(Magali Merle)*	Livre + 👁 👁	8702 9122 9124	LP 8
JOSEPH CONRAD	Le Cœur des ténèbres / Heart of darkness *(Catherine Pappo-Musard)*	Livre + 👁 👁	8703 9106 9108	LP 8
ROBERT LOUIS STEVENSON	L'Étrange Cas du Dr Jekyll et de Mr Hyde / The strange case of Dr Jekyll and Mr Hyde *(Jean-Pierre Naugrette)*	Livre + 👁 👁	8704 9112 9114	LP 8
ALLAN SILLITOE	Vengeance / Revenge *(Jacques Chuto)*	Livre + 👁 👁	8707 9140 9142	LP 9
ERSKINE CALDWELL	Nouvelles choisies / Selected Short Stories *(Michel Bandry)*	Livre + 👁 👁	8718 9163 9165	LP 9
	Nouvelles américaines classiques / American Short Stories *(Marie-Christine Lemardeley-Cunci)*		8713	LP 10

	Les plus belles chansons anglaises *(Edwin Carpenter)*	8802	
	Livre + ••	9200	
	••	9202	
RUDYARD KIPLING	L'homme qui voulait être roi et autres nouvelles / The Man who would be King and Other Short Stories *(Marie-Françoise Cachin)*	8725	LP 10
ADLOUS HUXLEY	Le Banquet Tillotson / The Tillotson Banquet *(Clémentine Robert)*	8711	LP 9
JACK LONDON	Le Silence blanc / The White Silence *(Simone Chambon)*	8726	LP 9
O.HENRY	Printemps à la carte / Springtime à la Carte *(Jeanine Parot)*	8727	LP 10
	Nouvelles fantastiques / Stories of Mystery *(Jean-Pierre Naugrette)*	8729	LP 11
GRAHAM GREENE	La Fin du goûter / The End of the Party	8730	

Pratiques

	Dictionnaire Larousse Français/Anglais - English/French	2288	LP 8
Pierre Ravier et Werner Reuther	Guide pratique de conversation Anglais/Américain	7921	LP 10
	Livre + ••	9004	
	••	9027	
Edwin Carpenter	Guide pratique de conversation Français/Anglais - English/French (Phrase Book)	7925	LP 10
	Livre + ••	9030	
	••	9036	
Guillaume de La Rocque et Yono Bernard	Dictionnaire de l'anglais des affaires	7940	LP 10
G. Baxter et A. Lavignac	Guide de l'anglais et de l'américain des affaires	7742	LP 11

Composition réalisée par COMPOFAC - PARIS

IMPRIMÉ EN FRANCE PAR BRODARD ET TAUPIN
Usine de La Flèche (Sarthe).
LIBRAIRIE GÉNÉRALE FRANÇAISE - 6, rue Pierre-Sarrazin - 75006 Paris.
ISBN : 2 - 253 - 05374 - 0   30/8630/3